我
思
·COGITO·

斯克里亚宾

SCRIABIN

思想者音乐家

（法）鲍里斯·德·施洛策 著　　顾超 译
Boris de Schloezer

GUANGXI NORMAL UNIVERSITY PRESS
广西师范大学出版社
· 桂林 ·

斯克里亚宾：思想者音乐家

SIKELIYABIN: SIXIANGZHE YINYUEJIA

策　　划：吴晓妮@我思工作室
责任编辑：张玉琴
助理编辑：周士武
装帧设计：何　萌
内文制作：王璐怡

图书在版编目（CIP）数据

斯克里亚宾：思想者音乐家 / （法）鲍里斯·德·施洛策著；顾超译.-- 桂林：广西师范大学出版社，2022.11
（墨涅摩绪）
ISBN 978-7-5598-5307-3

Ⅰ．①斯… Ⅱ．①鲍… ②顾… Ⅲ．①斯克里亚宾（Scriabin, Alexander Nicolaivich 1872-1915）—传记 Ⅳ．①K835.125.76

中国版本图书馆 CIP 数据核字（2022）第 153408 号

广西师范大学出版社出版发行

（广西桂林市五里店路 9 号　邮政编码：541004）

（网址：http://www.bbtpress.com）

出版人：黄轩庄
全国新华书店经销
山东新华印务有限公司印刷
开本：850 mm × 1168 mm　1/32
印张：8.125　　　　字数：180 千
2022 年 11 月第 1 版　2022 年 11 月第 1 次印刷
定价：66.00 元

如发现印装质量问题，影响阅读，请与出版社发行部门联系调换。

纪念我的姐姐和挚友

塔蒂亚娜·费多罗夫娜·施洛策-斯克里亚宾

CONTENTS

目 录

序　言

　　俄罗斯出版了相当广泛的斯克里亚宾文献，包括几本书和一些期刊文章。1916年出版了俄语期刊《当代音乐》的斯克里亚宾专题特刊。其中包含朱利叶斯·恩格尔（Julius Engel）编写的详细生平、维亚切斯拉夫·卡拉蒂金（Viacheslav Karatygin）的出色文章（《斯克里亚宾音乐中的形式要素》），以及列昂尼德·萨巴涅耶夫（Leonid Sabaneyev）关于《普罗米修斯》乐谱中颜色和声音关系的详尽评论。鉴于有关其他俄罗斯作曲家的著述出版很少，即使是最重要的作曲家，这个合集也相当可观。但这还不足以说明斯克里亚宾的实际成就。他的音乐的丰富性和意义可以通过仔细研究他的作品来赏析，但要从总体上把握斯克里亚宾全部作品的创作意义，则需要更详细的分析。斯克里亚宾对和声基础的扩展，对许多新的不和谐音组的使用，以及将这些音组视为和声的处理，都没有得到充分的分析。斯克里亚宾是否引入了真正的革命性创新？他真的超越了我们的既有框架的界限，还是仅仅扩大了它的应用范围？

　　一个更广泛、更深层次的问题是斯克里亚宾对一般文化的贡献。斯克里亚宾在艺术美学王国的建设者中占据什么位置？到目前为止，必须承认他的个性和创作成就完全脱离了现实，脱离了文化史。学者们对他作品的美学意义进行了充分分析，详细描述了他作品的个性特征、基本倾向和主导思想。但是这项研究的结果是脱节的，因此斯克里亚宾作为一种普遍文化现象仍然没有定义。肖邦、李斯特和瓦格纳对斯克里亚宾音乐的审美影响已得到适当讨论，但与斯克里亚宾的精神世界无关。

然而，斯克里亚宾艺术的意义只能从一般文化的角度来理解。他渴望探索与世俗大众合一的终极奥秘，这是一种自主的尝试。他找到了恰当的形式和意象，以最精确、最清晰、最完整的方式接近这个谜团，有逻辑地探索它。最终合一的愿景已渗透了人类历史，所有的个人乃至整个国家都受到这一愿景的启发。因此，考察斯克里亚宾末世论的内在意义是不够的，必须辨别其独立性，同时分析他的理想与其他神秘主义者的理想之间的关系。从这个角度来看，斯克里亚宾的《天启秘境》必须被视为人类最伟大的神秘创造之一，是人类神秘生活中的一个单独现象。斯克里亚宾关于狂喜的概念，他早年叛逆的个人主义，以及他晚年的泛神论宗教信仰，皆是如此。只有在它们的相继出现中确立了这些相似和差异之后，我们才能了解斯克里亚宾的内心世界，才能在艺术家集体中找到适合他的位置。

正是按照我认为唯一正确的方法，我提出讨论斯克里亚宾在文化中的地位，我深知在这个过程中不可避免地会遇到巨大的困难，并且必然会影响我的创作成果。

这本书的主题是斯克里亚宾的全方位艺术及其在他自己的个性中的位置。我为自己设定的任务，包括斯克里亚宾的全部性格，因而本书自然而然地分为两个部分。第一部分专门描述斯克里亚宾的个性；[1]第二部分在他最雄心勃勃的成就《天启秘境》的框架内审视他的艺术。这种将艺术家作品的成果与他的内在概念分开处理的划分可能显得相当人为化，特别是考虑到斯克里亚宾艺术的特殊主观性。在这样的计划中很难避免重复，但为了理解艺术家成就的多面性，必须对此进行图式化。

我写这本书的材料首先来自斯克里亚宾的实际作品，来自我个人的印象及对它们的理解。我可以看到斯克里亚宾的日记、他的分析研究的初稿、他的哲思和诗歌速记、他的口述以及他的自传草稿。最后，我可以从我个人对斯克里亚宾的回忆中汲取灵感，我与他相处多年，而与他的这种亲密感，对我来说是极大的快乐之源。

1919年冬于雅尔塔

1　中译本编者将作者的两篇研究斯克里亚宾音乐的文章也放入第一部分，以方便读者阅读。编注。

斯克里亚宾传略

斯克里亚宾的父亲尼古拉·亚历山大洛维奇·斯克里亚宾（Nicolai Alexandrovich Scriabin）出生于 1850 年。1871年，他与卢波夫·亚历山德罗夫娜·什切蒂尼娜（Lubov Alexandrovna Shchetitina）结婚，后者出生于 1849 年，追随西奥多·莱切蒂斯基（Theodor Leschetizky）在圣彼得堡音乐学院学习；她是一位才华横溢的钢琴家，经常在圣彼得堡、莫斯科和俄罗斯的各省会城市举行独奏会。1871 年 12 月 25 日（旧历；新历为 1872 年 1 月 6 日），他们的儿子亚历山大·尼古拉耶维奇·斯克里亚宾诞生。他出生后不久，母亲就患上了肺结核，最终于 1873 年在南蒂罗尔去世。

斯克里亚宾的父亲曾担任俄罗斯驻近东各国领事。他 1880 年再婚，第二任妻子是意大利公民奥尔加·费尔南德斯，她生下了三男一女。斯克里亚宾的父亲于 1914 年在洛桑去世。

斯克里亚宾从幼年起就由他的祖母和未婚的姑妈照顾，对他而言姑妈就是母亲。小时候，斯克里亚宾表现出惊人的音乐才能。他可以即兴演奏钢琴，并能当即弹出所听到的音乐。姑妈是他的第一位钢琴老师。1882 年，斯克里亚宾进入莫斯科的初等军事学院，他的音乐天赋引起了老师和同学的注意。1883 年，他开始跟随吉奥基·科努斯（Georgi

Conus）定期上钢琴课，当时科努斯本人也还是音乐学院的一名学生；这些课程一直持续到1884年春天。

在中断数年后，他重新开始学习钢琴，师从莫斯科音乐学院的教授尼古拉·兹维列夫（Nicolai Zverev）。从1886年开始，斯克里亚宾定期跟随谢尔盖·塔涅耶夫（Sergei Taneyev）学习音乐理论。在军校三年级时，他进入莫斯科音乐学院，师从瓦西里·萨福诺夫（Vassily Safonov）学习钢琴，并继续跟随塔涅耶夫上理论课，还向安东·阿伦斯基（Anton Arensky）学习自由作曲和赋格。就在那时，他决定放弃军事学习，全身心地投入到音乐中，尽管他在1889年还是获得了军事学院的毕业证书。他的音乐天赋在他于音乐学院学习期间迅速发展，但他的朋友们都认为他主要是钢琴家而不是作曲家。1892年他作为钢琴家毕业于莫斯科音乐学院。

斯克里亚宾的第一位出版商皮奥特·尤根逊（Pyotr Jurgenson）出版了他的几首钢琴作品，其中包括《圆舞曲》（op.1）、《小品》（op.2）、《玛祖卡》（op.3）、《夜曲》（op.5）、《玛祖卡风格即兴曲》（op.7）。斯克里亚宾在学生时代就写下了所有这些作品。1894年，他遇到了他后来长期合作的出版商米特罗凡·贝莱耶夫（Mitrofan Belaieff）。

1895年，斯克里亚宾随贝莱耶夫前往欧洲，在那里他作为钢琴家进行了第一次长途的巡回演出：他访问了德国、荷兰、比利时和法国巴黎，并在瑞士和意大利度过了一段时光。回到俄罗斯后，斯克里亚宾在莫斯科和各个省份举办了独奏会。1897年，他与刚从莫斯科音乐学院毕业的维拉·伊萨科维奇（Vera Isakovich）结婚。在短暂旅行巴黎之后，他们定居在莫斯科，莫斯科音乐学院院长萨福诺夫聘请了斯克里亚宾担任钢琴教授。1904 年春天，斯克里亚宾出国并留在瑞士日内瓦附近。在那里，他致力于第三交响曲的创作，这是他在莫斯科时已经着手的作品。1905 年夏天，从巴黎回来后，他与妻子分居并前往意大利，与他曾经的学生塔蒂亚娜·德·施洛策（Tatiana de Schloezer）一起定居在热那亚附近，后者也成了他的忠实伴侣。

1906 年冬天，移居纽约的原莫斯科音乐学院学生、俄罗斯指挥家莫德斯特·阿尔舒勒（Modest Altschuler）邀请斯克里亚宾参加他在那里举办的一场俄罗斯作品音乐会。阿尔舒勒指挥了斯克里亚宾的《第一交响曲》和《第三交响曲》，并指挥了斯克里亚宾的《钢琴协奏曲》，由作曲家本人亲自担任独奏。后来斯克里亚宾在芝加哥、波士顿和其他城市也举办了钢琴独奏会。1907 年春天，斯克里亚宾去了巴黎。当时谢尔盖·佳吉列夫（Sergei Diaghilev）正在举办他著名的俄罗斯音乐会，他的节目单中包括斯克里亚宾的《第二交响曲》和《钢琴协奏曲》，当时由约瑟夫·霍夫曼（Josef Hofmman）担任独奏。1907 年斯克里亚宾和塔蒂亚娜在瑞士度过了夏天。那年秋天，他们在洛桑住下，一直待到第二年春天。1908 年，斯克里亚宾在那里接待了前来造访的谢尔盖·库塞维茨基（Sergei Koussevitzky），他当时建立了他的俄罗斯音乐出版社，并在莫斯科和圣彼得堡举办音乐会。斯克里亚宾和库塞维茨基很快成为亲密的朋友。1908 年秋天，斯克里亚宾和塔蒂亚娜去了布鲁塞尔。1909 年初冬，他们返回俄罗斯，在莫斯科和圣彼得堡待了两个月。斯克里亚宾在这两个城市都举办了许多独奏会，节目包括他的《第五钢琴奏鸣曲》（op.53），他的《第三交响曲》和《狂喜之诗》也在那个季节在莫斯科上演。回到布鲁塞尔后，斯克里亚宾开始为《普罗米修斯》作曲。1910年冬天，他回到莫斯科完成该作品。1911年他在柏林和莱比锡举办了音乐会；1912年，他在荷兰进行了巡回演出，威廉·门格尔贝格（Willem Mengelberg）在那里指挥了他的《第一交响曲》、《钢琴协奏曲》（斯克里亚宾担任独奏）和《普罗米修斯》。1914年初，他前往伦敦，亨利·伍德（Henry Wood）在那里指挥了《狂喜之诗》和《普罗米修斯》。斯克里亚宾还在那里举办了钢琴独奏会。那年的晚些时候，他住在莫斯科附近的避暑别墅。在那里，他写下了《序幕》的文本，并希望在1916年初完成。但他在音乐方面并没有取得太大进展，在他死后，他的文件中只发现了几张乐谱草稿。

1914年冬天，斯克里亚宾在圣彼得堡举办了三场独奏会；他最后一次公开露面是在1915年4月15日。回到莫斯科后，他就病倒了。他的上唇长了一个脓肿，引发了坏疽。1915年4月27日早上，他在承受了数日的巨大痛苦后去世。他被安葬在莫斯科新圣女修道院的墓地。

第一部分　个性及音乐

一 思想者

　　头回见斯克里亚宾，那是 1896 年，在莫斯科我叔叔家里，那时候我只有 15 岁。我动容于他那羸弱又纤细的外表，以及特别的拘谨。他的演奏深深打动了我，那么不同寻常，完全出乎我的预料。如果我没记错，当时他弹的是作品第 11 号里的几首前奏曲。然后我们简单聊了几句。这次邂逅留给我的印象非常深刻，好多年都未曾褪色。直到 1902 年秋天于莫斯科再见到他，我依然记忆犹新。斯克里亚宾那时候正在莫斯科音乐学院教书。他已为人夫为人父，不过外表还是显露出那种温和、精致、宛如孩童一般的面容。从共同熟人的话题开始，我们闲聊了几句之后，交谈转到了更加抽象的内容，很快就发展成哲学方面的探讨，聊得慷慨激昂，甚至有点怒气冲冲。这就是我和斯克里亚宾漫长交往的开始。

　　之后再见到斯克里亚宾，我们笑着回忆起这个过程，两个人是怎样在见面不久后，也没有深入了解对方，便假托闲聊陷入了争吵模式。我深深感受到他的绝顶智慧，见到他的次数越多，这种感受越强烈。

　　大多数专家只把哲学视为与日常生活分离的职业，而斯克里亚宾不同，他一直沉浸在哲学思考中。无论他在做什么或说什么，他的行为都伴随着一种激烈的推理过程，这种推理过程从未停止过，甚至他自己也很少意识到这一点。但只要一句随意的话，一个引导性的问题，对他来说已经足够了，他可以专心于自己的思想，开始他的探索，或者说，比起听者，他似乎主要为了说服自己。

又过了几年，那是1907年，我在洛桑再次遇到了斯克里亚宾。我是一大早从俄罗斯到那里的。在火车上度过了几个不眠之夜，都没来得及舒舒服服地洗漱更衣，斯克里亚宾便把我拽入了一场关于神智学的对话，他刚刚接触了这门学说。对于这种突然的兴致，我一点也不吃惊。这是典型的斯克里亚宾，当他发现自己无法应付棘手的问题时，他就在承受真正的痛苦，这种痛苦几乎可以看成是身体上的。他从不承认有什么是他不能立即领悟的，也憎恶自己思想中有任何的肤浅和模棱两可。

这种对形而上学的激情——姑且就这么称呼它吧，一直伴随着他，直到生命的尽头。在他去世前几个小时，他还在讨论着他的灵魂一直在寻求解决方法的问题。

可是这种强烈追索的目的是什么呢？在这种对形而上学的激情的自我放纵中，他寻求实现什么呢？对生活的理解，还是现实的真相？一个人究竟能否以精确、科学和哲学的方式谈论真理？

毫无疑问，斯克里亚宾对内在认知的渴求是强烈的，但当他全神贯注于解决他所面临的最棘手的问题时，这并不是促使他的思想活跃的原动力。在斯克里亚宾看来，精神行动总是优先于理论思维。他是个行动第一、推理第二的人。他深信自己命中注定要完成人生中的一项重要任务，他如此解读外界的事情，以使自己的行为显得完全自然，甚至是必然的。他对现实生活的兴趣仅限于当下，而这两件事都是他为建造未来圣殿而采取的唯一行动。在我们早期的会面中，他似乎全神贯注于与现实毫不相干的纯理论分析。但这只是一种表象。实际上，他所有的信条和推论都是务实的，因为它们为他提供了必要的支持，使他能够理解未来某些事件在心理、逻辑和道德上的必然性。这些事件是他行动的理由，是对他自己的期望和抱负的注脚，也有对他的创造性艺术作品的合理辩解。

这并不是说斯克里亚宾的哲学排在他的艺术活动之后，只是起到了辅助作用——如果那么说，就是低估了他的信仰的重要性。但他的愿望与他所取得的成果加总起来，可以解释为他的哲学和他的艺术目标之间存在一种特殊的关系，这种关系不是从属关系。

在斯克里亚宾与其他人交谈时，我经常有机会观察他，尤其是与那些倾向于同意他的观点的人，比如诗人维亚切斯拉夫·伊万诺夫（Viacheslav Ivanov）。而且我常常发现，当对方停下来的时候，就好像对所得出的推论结果感到满意之时，斯克里亚宾就会进一步超越彼此所持的立场，断然推论某些行动和事项的可行性、必要性和必然性，他急于尽快得出这些行动和事项。

在斯克里亚宾的思想中，他并没有从现有的前提出发，而是从他所渴望的未来出发，他的愿景一直摆在他面前，他热切地等待着它的到来。他将这个未来解释为将在地球上实现的现实。当他努力以理性的方式描绘我们的世界时，当他试图理解其意义时，就有一种热切的愿望引导着他去掌握所需的素材，通过透视现实来实现他可以感知的视角。

我记得在 1902 及 1903 年我们的友谊刚开始时，我就向斯克里亚宾指出，他的推测和预判是非常乌托邦式的、幻想性的，而非从历史的视角来论证。他承认他对历史和科学的了解很少，但他坚持认为历史数据的重要性只体现在帮助他更好地认清自己的方向。在这个意义上，人们可以说他获取知识的愿望并非没有个人动机。事实信息本身对他没有吸引力，他对收集和编目那些科学数据也完全不感兴趣，而眼下这却是一种如此流行的学术追求。

斯克里亚宾对我们目前看来的世界的看法，取决于他对未来的愿景，一个应该存在的世界，一个将呈现出我们无法想象的新形式的世界。他寻求他的个人真理，而不是作为一个外在的、独立的、陌生的实体；他凭直觉来观察。对他来说，新世界的诞生标志着整个宇宙周期的完成。然而在这位诗人身上，在这位先知身上，有着一个精致的、近乎迂腐的形式主义者，他要求所有与他的创作有关的事情都准确无误。完美的形式和精确的执行是他的特质。他意识到生活中的矛盾、不和谐、不一致，他努力调和，寻找解决方案，不仅在心理和直觉层面，也在理性思维上。

在这种阐释和系统化的倾向里，在这种独特的理性主义中，是斯克里亚宾的救赎。我深信，如果他的才智不是那么强，他早就死了，被自己创造力的冲动逼疯了。他的理性主义是一个掩饰他非理性自我的面具，一个无意识但明智地抑制他的创造精神的面具，本质上是无限的和超验的。"创造就是限制自己。"斯克里亚宾喜欢这样说。因此，设计的公式和计划旨在限制、框定，用一句话展现他内心燃烧的、赫然要吞噬他的火焰。在冥想中，在思索中，斯克里亚宾似乎找到了一种欢欣的平静，一种救赎的优雅，一种去向稳定的、明确的、纵然也是实证的世界的归隐，也是一片避难港湾，让他可以暂时避开他的幻象和他内心世界的激烈紧张。

显然，随着时间的推移，随着他的精神生活的加深、拓宽以及新思想的不断丰富，这种倾向变得更加强烈。他越是远离人的逻辑，越是远离理性的范畴和规则，他的自我思考就越完善和纯粹，他也就更显目光如炬，这是人类语言无法形容的。于是，仿佛是害怕迷失自我，在未知中消亡，他更加坚定地依赖于我们上述的公式和计划。每个公式、每个计划对他来说都是实现他在地球上的梦想和愿景所需的支持。

斯克里亚宾的形而上学结构不仅是逻辑的，而且是图像式的；他用尺子和圆规，非常勤恳又准确地把它们画出来。他努力用线条和几何图形来表现他直观感知到的世界与个人之间，上帝与现实之间，艺术、宗教和科学之间的相互关系。在他的图纸中，还有时间终结时要建造的神殿的示意图。他饱含着一种别样的柔情设计了这些绘画，这种柔情有时近乎天真。在我们的谈话中，他会不断地提到这些图。"来，看看我的图，"他会这么说，"这里的一切都是那么清晰、有逻辑、那么生动。人们不可能误解这些图画。"这些想法可以如此轻松地融入一个优雅的示意图设计中，他认为这是他的根本真理的无可辩驳的证明。其中一些绘画仍然存世，但没有文字，也没有斯克里亚宾生动的和个人的评论，它们现在沉默无言了。

* * *

斯克里亚宾在认知方面下的功夫，最了不起的可以说是他坚持最极致的清晰和逻辑。他不断地质疑自己的结论，无论这些结论多么符合他的期待和希望。他对这些结论提出了严厉的批评，并仔细审视了自己的思考过程。对一些不太了解他的人来说——特别是在他生命的最后几年——他似乎成了一个教条主义者，他的信仰是绝对的，他的教条是不可改变的。人们确实可以从他争论的语气、自信，甚至偶尔的不容分辩的气势得出这种印象。这也是我成年后第一次和他见面时的印象。事实上，他并没有什么固执或不愿妥协的地方。诚然，他心中有一种无限的狂热信仰，但它的主题不是意识形态，也不是哲学，也不是那些他小心翼翼地建立起来的理性建构，一旦意识到它们的谬误，他是愿意毫不留情地推翻的。这种排除所有妥协的信念，是由一种非理性的冲动产生的，这种冲动主导了他，他也试图将这种冲动合理化，这是一种要求他在自己身上实践的冲动。他从不怀疑他在灵魂中听到的内在声音的绝对真实性和重要性。当受到质疑时，他会以狂热的态度回应，拒绝任何的让步，毅然驳斥所有论点，将自己的内心体验称为"最终手段"。

斯克里亚宾欣然接受对其作品的批评。他甚至承认对他自己的知识结构的怀疑，并愿意就这个话题进行自由的讨论。另一方面，他的愿景的有效性，他对存在的独特感知，他内心世界的实在，都毫不动摇。我清楚地记得我和他就他计划写作的歌剧进行的谈话。当我对他歌词中的一些片段及其风格坦率地表示怀疑时，他的反应是同意我所说的话。但是当我质疑这歌剧的基本理念，即把所有人类联合起来，组成一个不可分割的共同体，当我发现这样的联合不仅不可能，甚至是不可取时，他就会强烈地反对我的看法。我们的讨论越来越激烈，几乎引发了争吵。斯克里亚宾完全愿意承认某一部作品的不足之处，但他从未屈服于这样一种论点，即整个世界在其地域范围内排斥一体性的理念，因此这种一体性是无法实现的。这对他来说是生死攸关的问题，因为他只为这个梦想而活着。因此，只有那些至少在理论上接受最终实现这世界绝对统一的可能性，或者至少在这个问题提出时保持沉默的人，才能与他建立亲密关系。

斯克里亚宾的理性主义也表现在他对辩论的热情中。他喜欢讨论的过程，对于争论的痴迷几乎和对于音乐的痴迷程度相同。在辩论中他是一个很危险的对手，在辩论中他总是足智多谋，任何与他争论的人都必须时刻保持警惕。有时奇怪的是，这位音乐诗人曾几次先用他的艺术迷住了我们，但紧接着就表现出他是一个能言善辩的熟练辩手。在他的辩论中，没有什么是模糊的，没有什么是捉摸不定的——这些品质在他的音乐作品中比比皆是。与此相对应的是，他的话语中的一切都是清晰透明的。他从不容忍自己或他人的任何术语含糊不清，并始终试图在他所使用的概念上实现完美的定义和精确性。他是个健谈者，每每成功地拿住对手时，他总是得意扬扬。我都能当面看到他略显嘲弄的表情和他的嘴唇上带着好奇的孩子般的微笑。斯克里亚宾非常诚实，当一场辩论结束，激情平息之时，他是第一个指出他论点中的缺陷的人。当所讨论的话题深深打动他，触及基础性原则时，他就会打消所有辩论或争论的念头，不再专注于战胜对手；然后争辩就化为共同的讨论、友好的探索。

我必须附带地指出，斯克里亚宾微妙的挑剔和辩证技巧有时会导致荒谬的设想。当他分析别人的音乐时，他甚至表现出一定的小气。他自己也意识到了这个弱点，而我提到它的唯一原因，是要指出这个特征与他追求精准的愿望密切相关。他排斥任何本身混乱或不一致的事物，任何思想、感觉和行为上的马虎迹象，都会令他反感。

然而，这种精确而敏锐的智慧与理性主义棋逢对手。"作为一个理性主义者，你无法理解我要说的话。"他经常在激烈的讨论中向我抛出这样的话。的确，理性主义——一种在纯粹理性的范畴内对世界进行完整的、彻底感悟的论调——认为所有不能用范畴概念表达的事物都是虚假的，这对他来说是完全不能接受的。至于他自己的公式和图解，他只是把它们当作辅助工具，而且很不完善。他知道更充分地表达他的预言愿景要靠他的音乐作品，而不是他总能在其中找到无法解决的残余的理论。他总是对心理学比对逻辑更有信心。"从逻辑上讲，这或许是不可能的，"他会说，"但在这种情况下，必须从心理学的角度来看；精神生活中存在大量逻辑矛盾，我对直觉比对任何推论都更有信心。"

* * *

在我们漫长的友谊之中，斯克里亚宾的思想形态发生了相当大的变化，他的哲学态度也经常变化。如今他离开了我们，总结我对我们论辩的印象，可以清楚地看到这些变化发生在他的智性边界上，在他意识中出现的理性公式和图像中。尽管这些公式在不断发展，但它们表达了同样不变的中心思想。他是在从不同的角度看待这个想法，这取决于他的智性和自我意志的总体发展。关于现象的经验主义、自然主义的概念与宗教神秘主义有相当的距离。而无关道德的个人主义和普遍的一体性之间的距离却是巨大的。然而，斯克里亚宾找到了并走过了这条道路，从未偏离曾经走过的路线。他要实现人类和宇宙的一体；他的思想体系本质上是一种关于一体以及实现一体的手段的理论。在我们早期的会面中，他对这种一体性的看法很简单，也许太简单了——几乎是机械的。他曾经说过，"几乎所有人类的分歧都源于缺乏相互理解，源于对不同人具有不同含义的词语的误解。如果我们都能就最常用、最基本概念的含义达成一致，那么人类联合体的第一步就已经完成了"。几年后他就不这么说了，因为他明白，人类这样的外在联合体是徒劳而虚幻的。他在写《狂喜之诗》的时候就已经意识到，只有矛盾的深化和尖锐化，才能达到一体，而不是否定矛盾，强行联合。然而，他态度的这种转变是着眼于手段的，而不关乎最终的目的。

* * *

在他寻求新的表达形式时，在他试图使他的直觉感知合理化并赋予它们普遍命令的特征时，斯克里亚宾完全独立于他人。

评论家指出，斯克里亚宾的音乐受到肖邦、李斯特和瓦格纳的影响。这些影响的存在是不可否认的。然而，斯克里亚宾哲学思想的发展是更为独立自主的。这个判断起初可能看起来不寻常，甚至自相矛盾，因为斯克里亚宾不是一个专职的哲学家。然而，当有人问我斯克里亚宾的思想体系是在谁的影响下产生的，我却不知所措。这种影响只在他的思想的外围，也许在他的表达方式上，而不是在他的思想形态的实质上，才能觉察。他偶尔会使用常规的公式和命题，但他用自己的特殊含义填充它们，这有时会不同于原始概念的语义价值。当他遇到一个精神态度与他相悖的人时，他会抵制任何可能的影响，无论对手的头脑有多厉害。一个典型的例子是他与谢尔盖·特鲁贝茨柯伊亲王（Prince Sergei Troubetzkoy）和著名的社会主义者格奥尔基·普列汉诺夫（Georgi Plekhanov）的关系。在我们第二次碰面的1902年，斯克里亚宾在和我谈到特鲁贝茨柯伊时表现出极大的钦佩和深情。他对特鲁贝茨柯伊的智慧和博学印象深刻。但很明显，对特鲁贝茨柯伊及其圈子的思想，他的态度是保持距离，甚至是敌对的。他同样对弗拉基米尔·索洛维约夫（Vladimir Soloviev）的宗教神秘主义无感，并以某种屈尊甚至讥讽的态度谈论它。那时的宗教信仰对他来说是意志薄弱的表现，他把神秘主义等同于迷信。斯克里亚宾当时思想的决定因素是唯我论和形而上学的虚无主义。"什么都不存在，"他常说，"唯一存在的就是我创造的东西。"在他的用法中，"我"代表一个经验丰富的人。他努力实现合一，即万物一体的融合；他渴望成为这种融合的中心，并认为这种完美是一种绝对的、无条件的、自由的行动。当时他是莫斯科哲学学会的成员，是特鲁贝茨柯伊将他介绍到该学会的。他定期参加会议，但他拒绝了主导学会的特鲁贝茨柯伊和里奥·洛帕汀（Leo Lopatin）的灵性和唯心主义学说，将它们视为自己道路上的障碍。

如果斯克里亚宾可以早几年遇到特鲁贝茨科伊，他们可能会建立更亲密的关系。他们可能已经找到了共同语言，相互理解，甚至相互影响。因为随着时间的推移，斯克里亚宾的精神生活获得了新的深度，并由于对身负使命的日益认识而逐渐呈现出宗教特征——一种信念，即他坚信自己注定要执行某项特定任务，这任务的源头独立于他自己的意志。

1905年，斯克里亚宾遇到了格奥尔基·普列汉诺夫。他们的关系遵循了与特鲁贝茨柯伊的关系类似的过程。尽管他们变成了亲密的熟人——算是友谊吧——尽管斯克里亚宾对普列汉诺夫怀有尊重和钦佩之情，但后者在精神上对他来说仍然是陌生的。斯克里亚宾反对普列汉诺夫的唯物主义哲学，他认为普列汉诺夫的哲学是实在主义和实体论的一种特别粗暴和初级的形式。普列汉诺夫的思想让他很反感，因为在他看来，这些思想限制了他创造性想象力的自由飞翔。然而，正是在普列汉诺夫的影响下，斯克里亚宾开始熟悉马克思主义——他甚至阅读了《资本论》的第一章。卡尔·马克思的辩证学说及其理论的结构对称和有序阐述给他留下了深刻的印象。从此他不再怀疑马克思主义的经济（而仅限于经济）学说，也不再质疑资本主义社会崩溃的辩证必然性。但经济和政治动荡，无论多么壮观，对斯克里亚宾来说只是次要的，因为他假定精神生活至高无上，与普列汉诺夫关于意识由环境决定的基本论点相反。斯克里亚宾对历史唯物主义的态度是非常消极的。另一方面，他在社会主义学说中注入了一些宗教的和神秘的成分，这当然是普列汉诺夫所不能接受的。

1906 年，斯克里亚宾在巴黎第一次了解到神智学，当时一位朋友告诉他，他对神秘物质（Mysterium）的看法，对人类与神性的结合以及世界回归一体的愿景，与神智学有很多共同之处。在这里，我们绝对可以说是一种影响，因为几个月后我在瑞士见到斯克里亚宾时，他正在深入阅读布拉瓦茨基夫人（Mme.Blavatsky）、安妮·贝桑特（Annie Besant）、查尔斯·韦伯斯特·利德比特（C. W. Leadbeater）和其他神智学学者的作品。他的谈话充满了摩奴期（Manvantara）、劫灭（Pralaya）、七层面、七种族等神智典故；他滔滔不绝地使用这些术语，仿佛它们为所有人所熟悉，仿佛它们反映了无可争议的真理。以一个新手的不妥协态度，他驳斥了我对神智学假设的怀疑。"读吧，"他会说，"你读完布拉瓦茨基夫人的《秘密教义》的第一卷，哪怕是浮光掠影地读，我们再讨论这个话题。"我听取了斯克里亚宾的建议，但当我开始读神智学著作时，我意识到斯克里亚宾对神智学术语的使用非常散乱。他根据自己的想法和意愿改编它们，并使用神智学假设作为公式来描述自己的体验。当他对神智学的迷恋稍有消退时，他对我说："你可能不接受七层面的教义是终极真理，但对我来说，它是一个方便的框架，可以对自然现象进行分类，并在混乱的事实材料中创造秩序。"七种族的教义以其心理影响吸引了斯克里亚宾，即使他不再期望从字面意义上解释它。根据这种理解，每个种族都反映了人类精神生活进化的某个阶段，因此种族的历史变成了人类心灵的历史，每个种族获得了肉体中的感觉和欲望，然后逐渐凋落，抛下了其属性，回到了简单的原始统一。接受了这个假设后，斯克里亚宾以自己的术语重新组织了人类的整个历史，而在这中间他自己的精神生活周期是一个特例。这给了他理解世界历史的钥匙。1907—1908年冬天，他将《天启秘境》的内容和主题固定了下来。他将其理解为人类种族和个体意识的历史，或者更准确地说，是人类种族的进化心理学。斯克里亚宾的精神发展主要归功于神智学，神智学为他提供了必要的公式和方案，特别是在七种族的概念中，它在空间和时间上体现了精神逐渐下降到物质的过程。甚至当他开始从神智学中退出时，布拉瓦茨基夫人的《秘密教义》对他精神发展的作用，仍令他怀有极大的感激之情，诚然，他一生都对布拉瓦茨基夫人无比钦佩。他特别着迷于她写作宏大的集大成之作的勇气和她理念的广度及深度，并将其宏伟媲美瓦格纳的乐剧。另一方面，他对后来的神智学学者的更深入了解消解了他早期的热情，最终使他彻底远离了神智学。在瑞士和比利时，他订阅了神智学出版物《蓝莲花》（*Le Lotus Bleu*），而在俄罗斯，他收到了《神智学期刊》（*Journal Of Theosophy*）。但他很少阅读这些出版物。俄语杂志很长一段时间都没有开封。他说布拉瓦茨基夫人是唯一伟大的神智学学者，她的追随者对她的学说贡献甚微。俄罗斯和外国的神智学学者对艺术缺乏鉴赏力，而且不愿在他们的著作中赋予音乐应有的地位，他对此感到震惊。莫斯科和圣彼得堡神智学界的音乐品味，使他感到恐惧。"你能想象吗？"他带着痛心的语调说，"他们竟崇拜马斯奈！"他对一些试图用神智学术语解释他的音乐，并将其用作神智学宣传的英国女性神智学学者感到非常愤怒。他内心的艺术家情结反对这种误解。"他们不明白，他们不明白，他们不爱艺术。"他曾经抱怨道。

音乐仍然是斯克里亚宾的主要关注点，是他注定的使命，在神智学中，他找到了一种对宇宙的解释，它提供了基础、正当性，甚至他认为，还有对未来的预期。神智学视野下的世界成了他创作的原动力。"我不会和你讨论神智学的真相，"他在莫斯科对我说，"但我知道布拉瓦茨基夫人的思想在工作中帮助了我，给了我完成任务的力量。"

斯克里亚宾真的受到过印度哲学的影响吗？他对印度哲学的了解，主要来自各种神智学小册子，其中包括奥古斯特·巴特（Auguste Barth）的《印度的宗教》（*Religions de l'Inde*）；《亚洲之光》（*The Light Of Asia*），作者埃德温·阿诺德爵士（Sir Edwin Arnold）；《佛所行赞》（*The Life Of Buddha*），作者马鸣菩萨（Aśvaghoṣa），他读的是康斯坦丁·巴尔蒙特（Konstantin Balmont）的翻译；还有几本印度旅游指南。当然，这种类型的材料不足以让人真正理解该主题。至于欧洲哲学，斯克里亚宾在晚年才开始熟悉它。在他的一本笔记中，我们发现了以下条目："20岁时，初读叔本华。"在我们最早碰面的时候，我的印象是斯克里亚宾的哲学知识相当广泛。然而，后来我意识到其实很有限，而且他对历史和具体科学的了解也很肤浅。我们成为亲密的朋友后，想起他是如何通过炫耀他所谓的博学来愚弄我的，他经常不禁窃笑。这种知识匮乏常常使他沮丧，尽管他能够巧妙地瞒过那些没有仔细注意听他说话的人。"我缺乏一般知识，"他会宣称，"但对于我的工作来说，这些知识不是为了成为专家，而是为了能够在所有科学分支中找到定位，而不是冒险去再次发现美洲。"

斯克里亚宾经常表示遗憾，他从未正式学习过大学课程，而是进了军事学校。另一方面，他从缺乏正规教育中找到了某种安慰："我不必花时间试图攻克那些困扰科学家和干扰他们工作的难题。"然而，他曾试图弥补这一缺陷。多亏了他喜欢聊抽象话题，他在哲学辩论中获得了相当的技巧。他不是一个勤奋的阅读者。此外，他缺乏看清别人观点的能力，但他可以饶有兴趣地听一些体系或者学科的阐述，他总是插话得当。阅读不会给他机会进行直接的辩论，所以他远离书本。结果，他所掌握的几乎所有科学和哲学的信息都来自关于这些话题的对话。

他的哲学藏书不算多。1902—1903年在莫斯科的时候，我看到有弗里德里希·保尔森（Friedrich Paulsen）的《哲学导论》；柏拉图《对话录》一卷，其中包括弗拉基米尔·索洛维约夫翻译的《会饮篇》；特鲁贝茨柯伊的《逻各斯学说》，他只阅读了最初的几章；阿尔弗莱德·福耶（Alfred

Fouilée）的《哲学史》；歌德的《浮士德》；尼采的《查拉图斯特拉如是说》。后来增加了其他几本书，其中包括弗里德里希·乌伯韦格（Friedrich Ueberweg）的《现代哲学史》；克里斯托弗·西格瓦尔特（Christoph Sigwart）的《逻辑》，他只读了几页；两到三份哲学大会公报；库诺·费舍尔（Kuno Fischer）的《伊曼纽尔·康德》第一卷；威廉·文德尔班（Wilhelm Windelband）的《哲学史》；还有几本关于神智学的书。

斯克里亚宾只能欣赏那些与他自己的思维方式相一致的作品。他多次阅读布拉瓦茨基夫人的《秘密教义》（法语译本），用铅笔标出最重要的段落。但他无法理解在思想形态上与他对立的作者的理论；看了几页，他干脆把他们的书放在一边。"我的时间有限，"他解释说，"我不能分散注意力。"

斯克里亚宾对日常生活中的现象、对人和实际事件有着相似的态度。他无法作出客观判断。他只对与他的想法和愿望相关的事实、事件、人物或事物感兴趣。随着岁月的流逝，这种特有的态度变得更加明显。斯克里亚宾似乎失去了思考这世上种种现实的能力，完全沉浸在让现实如他所愿的期望里。无论他遇到谁，无论他碰到什么话题，他唯一的标准是他们是否会加速或阻碍他前进，是盟友还是敌人。随着他的意志越来越坚定，他的愿景似乎越来越接近现实，他几乎失去了正常的感知能力，完全被这些幻影迷住了。除了对他的计划产生积极或消极的影响外，这些对他来说别无意义。这就是为什么他似乎无法为艺术而欣赏艺术。

在结束我对斯克里亚宾作为思想家的评论之前，我想对他的推理模式进行一些说明。那就是直觉和类比。类比结构引导他的直觉朝着明确的方向发展。我应该说斯克里亚宾在这方面类似于歌德，这可能是这两个在其他方面如此不同的人之间唯一的共同点。逻辑只是为斯克里亚宾提供了证明和阐述其想法的工具，他将逻辑结构当作已经确定的结论的前提。斯克里亚宾通过苦练习得了一定的推演技巧。尽管他有很强的分析意识，但他永远无法掌握逻辑的科学属性。在分析自己和自己的思维过程时，他运用了心理学的方法，觉得自己的推理是通过并列类比进行的，只有借助这些类比，他才能得出有用的推论。然后，他试图通过三段论或其他形式逻辑的手段，来证明这些推论是正确的。

看起来他在不同现象之间寻求的类比关系是随意的。这当然会引起反对声音。但是观察他如何操纵相似点和不同点，人们不得不承认这种相当原始的方法有一定效果，而斯克里亚宾坚决反对所有批评。当然，条理性的缺乏和有时迷糊的智性会导致严重错误，但这些并不会动摇激发其智性的直觉。通过并列类比，斯克里亚宾将思想中未定形的素材系统化，加入了秩序，将其中成分彼此区分开来，也由此强化了他的专注力。

二　艺术家

艺术家分为两类。第一类，他们的创作工作不是特定条件下的意识活动，他们是睿智的，但没有意识到他们的智慧。创作在他们的欢乐或悲伤中诞生，但这些创作的真正价值仍然不清楚，即便对他们自己，也就是作品的创造者来说也是如此。在将他们的想法投射到音调、色彩或口述意象中之后，他们不再能用形式逻辑来描述他们自己发现的东西。他们天生晦涩神秘，缺乏通过推理能力阐明主题的意愿，也缺乏向自己和他人传达自己工作的真正含义的愿望。在柏拉图对话《伊安篇》中苏格拉底所说的话，适用于这样的艺术家："科里班特巫师们在舞蹈时，心理都受一种迷狂支配；抒情诗人们在作诗时也是如此。他们一旦受到音乐和韵节力量的支配，就感到酒神的狂欢，由于这种灵感的影响，他们正如酒神的女信徒们受酒神凭附，可以从河水中汲取乳蜜，这是她们在神智清醒时所不能做的事。"[1]

还有另一种艺术家认真努力地了解自己，了解他们创作的作品以及他们所生活的世界。他们试图达到清晰、明朗并易于理解。他们渴望以理性的方式展示自己，清晰表达反映

---

[1] 此段引用了朱光潜先生的译文，见《柏拉图文艺对话集》，朱光潜译，人民文学出版社，1963年版，第8页。编注。

他们想法的元素。在有所创造之后，他们试图在智力上重建不可表达的东西，并使超验的东西合理化。他们打算通过适当的思想形态来阐明他们对欲望的感知。达·芬奇、米开朗琪罗、贝多芬、歌德和瓦格纳都是努力实现这种智慧的创造性灵魂。斯克里亚宾也属于这一类，因为在他身上，这种对认知的渴求与对形式完美和系统化的热情相结合。那些与斯克里亚宾关系密切的人，常常被他创造性地设计出的、连他自己都缺少控制的宏大所撼动，也被他的智性的认真劲儿和强大所震慑。他的创造性和理论能力同样灵敏。我们在斯克里亚宾身上看到了一种非常奇怪的现象，艺术家不能仅仅满足于他的艺术成就，而是不断努力在道德、宗教和科学上为其辩护，向他人解释他作品的意义，不仅从美学的角度，也从形而上学的角度揭示其意义。

艺术家提出的空想式理论，通常被视为奇怪的突发奇想或令人讨厌的怪癖。一般而言，这是专家的态度，但也是不容忍背离传统和牢固确立的规范的大众的情绪。斯克里亚宾的思想形态也受到了这种批评。

这种态度，源于对艺术家的思想产出与审美产出之间联系的错误看法。通常认为其中一方必须从属于另一方。在这里，我们面临一个困境：艺术家要么努力阐述某种哲学体系以宣扬他自己的学说，要么试图以个人的方式表达自己。首先，创作方面的努力会被思想和倾向性所削弱，艺术本身从属于外部目的。在第二种情况下，哲学变得屈从于艺术，被迫顺从地跟随艺术家的想象力自由翱翔。在第一种情况下，我们将他理解成一个不成功的艺术家，也是一个宣传员；在第二种情况下，我们会将他看作一个不成功的思想家。这就是为什么许多知识分子艺术家被怀疑是故意设计来证明他们的艺术方式是正当的。瓦格纳甚至歌德的思想形态——其艺术天才不容置疑——因此被先入为主地剥夺了其哲学和科学的有效性，仅仅因为他们都是美学领域的创造者。一个哲学化的艺术家必须要么是一个可怜的哲学家，要么是一个可怜的艺术家，因为我们意识到要么他的艺术从属于推论，要么相反，他的思想形态为他的艺术服务。

然而，认知过程和创造性活动之间完全有可能存在不同于以上的关系。每个方面都可能是自主和独立的，但通过一种重要的直觉与另一个方面联系在一起，这是他们的共同源头。

如果我们假设无论是哲学上的还是艺术上的创造性付出都依赖于直觉，那么前者将直觉转化为抽象认知的对象，而后者则将这种创造性付出以具体形象展示给我们的认知。然后很明显，这两种输出可能会在一个有思想的艺术家那里并行发展，并具有同等的有效性。这可以用图形表示。如果我们将一件艺术品冠以符号 A，将一个与艺术家的思想形态相对应的哲学体系冠以符号 B，那么两者之间常见但错误的关系可以表示为下图：

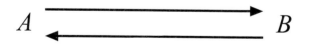

在此图中，艺术品是决定艺术家思想形态的形成因素；相反，思想形态也成了艺术作品的决定因素。

下图更充分地表示了这两个因素之间的关系：

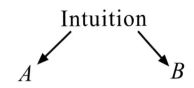

在这里，一件艺术品并不直接依赖于思想形态，思想形态也不是对观念上的语言或艺术家审美特质的直接反映或转化。

这个命题的第一个推论是，没有任何美学上有价值的艺术作品可以在具体形象中实现任何理论或规则，无论是哲学的、宗教的还是道德的，而只是反映了具体的、生动的存在。第二个推论，本质上是积极的，指出艺术家的思想形态具有客观的、认知的，而不仅仅是主观的心理上的有效性。诚然，真正的艺术作品表明艺术家是从西奈山[1]下来的，可以说，他们完全拥有预言的才能，他的思想完全清晰地反映了他的愿景，但这是以不同的形式呈现在不同的层面上。诗人、音乐家或画家的生动作品不能以系统分类的形式做理想化的详尽描述。然而，一些艺术家力求在具体和抽象方面呈现他们的愿景，同时将自己置于现实观照和话语的思考中。同一个人的艺术家属性和思想家属性都是自主诞生的，但都从共同的直觉来源中获得灵感。即使是零碎的观念，大多数艺术家也会反复推敲，并深思熟虑来创作作品。被美引领，但对于可推敲的智慧，沉默的作品，我们必须在理性的范围内确认它们的内容。获得这种理解的唯一可能途径是对作品的审美感知，在其生动的统一性中，艺术家的直觉引导抽象程式自主

1　西奈山（Mount Sinai），据《圣经》记载，摩西带领着以色列人走出埃及，在西奈山上获得了上帝亲授的"十诫"的石板，规定了上帝子民必须遵守的准则。译者注。

地显现出来，从而揭示了其直觉的内容。

从这些前提出发，我们必须将伟大的思想艺术家的思想形态视为其艺术的必要条件。尽管这和普遍、肤浅的观点相反，我们必须先验地相信这些来自另一个世界的信使的话语，同时注意在其话语里区分原创与传统，本质与附加，记住这似乎很幼稚或自相矛盾，是因为艺术家对语言论证很生疏，归根结底是哲学训练不足造成的。

* * *

这些一般性的考量强加给了所有斯克里亚宾向其打开内心世界之门的人。斯克里亚宾的文字和作品之间、他的学说和他的音乐之间的平行关系是显而易见的。任何仔细聆听他的音乐和思想言论的人都必须非常清楚地意识到，说两者是同一主旨的两个方面，或者假设一个是另一个的转化，这些观点都是荒谬的。当斯克里亚宾创作音乐时，他从未从想象的理论中引出思路，无论是哲学的还是其他的，甚至也不是从纯粹的美学的音乐考量，因为他从未将他的艺术视为表达他的思想的一种手段，一种旨在通过诉诸感官吸引听众的宣传工具。他的艺术性从来不是人为推论的结果。另一方面，他的理论和思想体系从来不是将他的艺术翻译成概念性语言。斯克里亚宾的思想并没有和他的艺术创作如影随形，也没有像引导灯塔一样先于艺术创作。很难确定他的思想起源或将其转化为艺术的途径；两者都必须被看作是自发的、首要的、同等自主的，并且通常依赖于他直觉感知的焦点。我不建议对他的思想和文字艺术进行分析和评价。问题不在于他是否从某个角度进行了正确的推理，也不在于他身上的诗人气质是否等同于音乐家气质。要理解斯克里亚宾的性格本质——作为音乐家、诗人、哲学家，甚至是先知——放在他的所有举动中很容易被误解，我们必须认识到他们都代表同一本质的不同方面。然而，如果正如看上去确定无疑的那样，斯克里亚宾的艺术家属性支配了哲学家属性，而音乐家指导了诗人，那么问题不在于确定这些身份中的哪一个是主要的或者是次要的，而是要强调他的创造力有一定的品质个性，他对音乐声响的掌握比对口头概念或生动的写作更精通。在他身上，听觉意象占主导地位。他无法创造出结构稳固且自洽的哲学体系。他为《狂喜之诗》撰写的文本比他的音乐的审美有效性要低得多，但他的诗歌与他的音乐一样具有直接性。他对这段文本的处理与他后来为《序幕》创作的诗歌使用的方法如出一辙。

斯克里亚宾于 1905 年开始写作《狂喜之诗》。文本上，最初的标题是《狂欢之诗》（*Poème orgiaque*），这写得更早，第一份手稿可以追溯到 1904 年。当他开始创作时，他并没有试图在音乐和文本之间画出精确而严格的对应关系。诗歌不是来注释音乐的；相反，这些词也没有被翻译成音乐。1907 年，在洛桑，我正在为《俄罗斯音乐报》（*Russian Musical Gazette*）写一篇关于《狂喜之诗》的文章，期待着它在圣彼得堡的演出。在和斯克里亚宾一起工作时，我尝试将文本与音乐相关联。我意识到自由流动的音乐准确地伴随着诗歌的进程。我记得当我向斯克里亚宾指出这种相似性时，他是多么欣慰甚至震惊。但这不是生造的或刻意的平行。相反，这是斯克里亚宾对作品整体形象的直觉感知一致的自然结果，在他看来这体现在两个方面。只有当乐谱完成并发送给出版商时，斯克里亚宾才记下了作品的主要动机：自我主张的动机、恐怖的动机、意志的动机、不祥的节奏，等等。因此，斯克里亚宾的头脑中没有任何初步设计是由多余的音乐考量决定的。斯克里亚宾在创作交响曲和奏鸣曲时是一位音乐家，而且只是一位音乐家。当他为《狂喜之诗》和《序幕》写文本时，他是一位诗人，而且只是一位诗人。在他的谈话中，他是一位宗教思想家，在他的日记中，他阐述了他的艺术学说。但这位音乐家、这位诗人、这位思想家的产物，本质上是一致的，因为它们都有一个共同的来源。

斯克里亚宾在《神圣之诗》的主题上用了"我是"的标记，并将其指定为"自我主张"的主题。经他批准，这句格言印在了节目说明中。结果，就有谣传斯克里亚宾是根据一个公式来创作音乐，寻找可以表达先前业已形成的想法、哲思和理论的声音组合。但是年表解释了这个假说。斯克里亚宾于1902年秋天开始创作《神圣之诗》，1903年春天已经完成了几个部分的工作，其中引子的主题是最早写的主题之一。斯克里亚宾在钢琴上为我弹奏了它，问道："你不觉得这个主题具有如此强大、威严和坚定的信念，可以称为自我主张的宣言吗？"我回答说："是的，听起来好像它在宣告'我就是'！"他对这句话很满意，而它也一直与作品的主要动机联系在一起。

在《神圣之诗》的行板中，长号的动机标有"崇高的精神"。斯克里亚宾在这段时间里遇到了困难，在完成大部分乐章后，留下了几个空白小节需要填写。他打算将长号动机前后的部分与感性甚至色情性质的材料联系起来。他需要一个对比来打断这种流动和爱抚。终于他找到了他想要的东西：长号有一种像号角齐鸣的声音，在审美和音乐上都满足了他。

他将这种号角齐鸣描述为灵魂对纵欲侵入音乐的抗议。

斯克里亚宾死后，在他的手稿中只发现了一些断断续续的《序幕》音乐片段，但它的文本已经完成，尽管它的第二部分仍未编辑。这项工作的进展是斯克里亚宾创作习惯的特征。他在这里以思想家、诗人和音乐家的身份出现，揭示了他整个人格的统一性及他直接依托于单一的主要源头。《序幕》的文本于1914年深秋完成，但音乐小品的主要部分与后期有关；其中一些是斯克里亚宾去世前几天写的。他并没有像瓦格纳那样使用《序幕》的文本作为歌词，而是重新开始创作音乐，仿佛文本从未存在过，只遵循由他的统一理想的愿景所激发的大致轮廓。在这片图景里，斯克里亚宾凭着毅力，一步一步地推导出它的构成要素——先是文字，后是音乐。如果死亡没有打断他的工作，他可能会在乐谱中添加视觉图像，也许是手势和动作。这首诗的正文之前是对其思想内容的阐述。然而，确定《序幕》进展的并不是以明确的术语表述的哲学概念。斯克里亚宾没有在这篇文章中概括他的思路；这不是对某些先前形成的思想形态的诗意演绎。斯克里亚宾讨厌哲学性的和说教性的诗歌，他经常带着些焦虑问道："这显得过于理智化了吗？"他说："我不是在阐述理论，我是在表达思想。"思想对他来说是具体的桩桩件件。如果在《序幕》的文本中仍有理论化的痕迹，他也打算编辑文本以消除这种理智化，而死亡终结了他的计划。

斯克里亚宾对艺术的综合是基于一种所有艺术学科密切融合的想法。他把这个过程称为"对位"，与瓦格纳的音乐与戏剧平行的观点相对应。斯克里亚宾的方法是他的音乐哲学的结果。他将瓦格纳的全方位艺术简化为一个从诗意表达中流露出来的错综复杂的多层结构系统。这种在紧密的相互渗透中对不同艺术的"对位"，表示了对不同艺术分离性的否认，以及在包罗万象的全能艺术中对它们本质上的统一性的断言。对斯克里亚宾来说，这种全能艺术或全方位艺术并不是过去的遗迹。他没有在他的艺术中召唤遥远的古代，也没有将它延展到遥远的未来。对他来说，这是一种活生生的实在，是他自己心理体验的内容。

斯克里亚宾对乐音有着特殊的色彩感知。在他想用语言表达音乐形象的愿望中，他想象着嗅觉和味觉的交响乐。他打算将触觉引入《天启秘境》的乐谱中，从而将整个人体变成一个发声乐器。在这方面，斯克里亚宾将他自己的内心体验扩展、系统化并投射到外部世界。无论人们如何看待《普罗米修斯》乐谱中的色彩键盘或音乐中色彩的审美有效性，对于斯克里亚宾本人来说，可以肯定的是，《普罗米修斯》的音乐散发出光芒，闪烁着色彩。当他为我弹奏钢琴的开场小节时，他说此时紫罗兰色的光应该渗透到音乐厅中，很明显"普罗米修斯和弦"在他的脑海中既代表了一个声响又代表了一个音调，也是一个声音—色彩组合，而不是伴随着紫罗兰色或任何其他光线的声音。但是，这种宏大的概念，预示着所有艺术的综合，只有考虑到斯克里亚宾个性的特质才能理解。

* * *

斯克里亚宾在他的《第五钢琴奏鸣曲》的创作中首先意识到普遍艺术是他自己艺术个性的一种机能，该奏鸣曲紧随《狂喜之诗》。1908 年冬天，当他在洛桑为我演奏这首奏鸣曲时，他说音乐以无法用语言表达的形象存在于外部。他宣称，他不是从无到有创造这种音乐，而是去除了遮蔽它的面纱，从而使它可见。他的任务是把这个内心中的形象不失真地变成声音；他喜欢称这个形象为一个拥有自己颜色的"发声的躯体"。他在他的内在自我中观察它，同时从他本身分离出来，或者更确切地说，是抽离出来。他用整个自我来感知它，而不仅仅是通过感觉器官。在试图描述这种不同寻常的状态时，尽管他有自我分析的能力，但表达起来却有很大的困难。这就是为什么他有时用不同的术语来指代相同的心理状态。

在斯克里亚宾的意识中，动机以及和弦的连续性与他关注到的作曲以外的引导力量有关。当斯克里亚宾创作他的主题素材，逐渐建立起《第五钢琴奏鸣曲》的坚固大厦时，他以不同层次的清晰度感知到了似乎存在于时间框架之外的基本形象。"我只是翻译。"谈到《第五钢琴奏鸣曲》，他曾经这样脱口而出。作曲过程中，他觉得自己好像在将一个三维物体投影在一个平面上，在时间和空间上拉伸、铺展一个预言性的愿景，他将其经验为一个瞬间的启示，简化了它，同时也使它变得贫乏。他用他的整个存在感知到完整的视阈，所有人类感官都参与其中，他将其简化为一个声音系统，因此只使用一种感官媒介。他还说，在对这个基本愿景的感知中，他并不觉得自己只是一个被动的接受者，而是一直有创造性地活跃着。

鉴于斯克里亚宾倾向于图式化与合理化，我们可以得出结论：他无意识地强调了他内心体验的某个元素，以便赋予它一种更微妙但更明确的形式。但这里的区别只是在细节上。在工作过程中，斯克里亚宾总是从一般到特殊，从整体到个别瞬间。这些瞬间并不是在一般视野之外自主存在的。斯克里亚宾假设它们是整体的一部分。他从这个整体中推断出它的组成部分，因此他的创作过程变成了对他在综合沉思中所设想的对象的揭示剖析——分析之后是整体的综合。斯克里亚宾创作时，他的作品从开始到结束从未朝着单一方向发展。相反，先前固定的元素充当了定义声音系统的坐标，通过它他绘制了相应的线条。他的工作在各个方向同时进行，从不同的出发点按照最细微的计划制定。这个计划决定了乐曲的一般形式和结构，无论是奏鸣曲、交响曲还是音诗，都是斯克里亚宾在主题材料刚刚开始成形时预先勾勒出来的。他以坚定不移的逻辑遵循这个计划，从不偏离它。有时，他被自己的想象力所驱使，想摆脱这个计划，但经过深思熟虑，他总是回到它，即使不得不牺牲一些丰富的材料。事实上，当他的创造力量让他感到挫败时，斯克里亚宾会中断他的工作并寻求恢复理想化的形象。用神智学的说法，他称之为"将自己置于一体的平面上"。我已经提到过与《神圣之诗》相关的这种转移到另一个层面的情况。直到三四年后，斯克里亚宾本人才意识到这种转移。

就这方面而言，斯克里亚宾在创造性艺术家中并不孤单。没有人可以指责莫扎特理论化、不必要的自我意识或过度的自我分析。莫扎特在描述自己的创作过程时，引用乌利比雪夫（Alexandre Oulibicheff）的话说道："我的想法在不断成长，我不断地拓宽和澄清它们；我的作品几乎在我的脑海中准备好了，不管它有多长，以便以后我一眼就能以我的灵魂接受它，就像一幅美人的漂亮画像。我在我的想象中听到的不是连续的各个阶段，而是它应该完整呈现的样子。多么快乐！一个想法的创意和发展像在一个深刻而美丽的梦中进行。"

在开始写悲剧之前，拉辛说："我的作品完成了。"而德拉克洛瓦，正如他的传记作者所言，"他在画之前就看到了他的作品，已将其轮廓、颜色和光线可视化。所有从外部反映作品主要思想的东西立刻出现在他面前，因此他的作品的开始，以及随着它的完成，形成了一个和谐的整体"。

在这里，我们找到了与斯克里亚宾作曲的创意过程的确切类比，该创作过程源于对整个作品的直觉。综合的、和谐统一的行为构成了第一阶段；分析的行为，直观地观察到的理想化图景的分离，形成了第二阶段；接着是重建，在此期间创建一个新的完整图像并将和谐转移到另一个层面，这是第三阶段。

但在这里我们面临一个新问题：如果对斯克里亚宾来说，要最终实现的是全方位艺术，而音乐只是其中的一个组成部分，为什么他只潜心器乐，从不写一部全方位艺术作品——一部歌剧或一部音乐戏剧，或者至少是一首音乐与文字相融合的歌曲？维亚切斯拉夫·卡拉蒂金在他关于斯克里亚宾的书中初步回答了这个问题。他认为这种对人声的朗读或发声的厌恶的原因是"乐器……太具体，太自然，也太真实"。他进一步在斯克里亚宾的理想的个人主义中找到了一个诱因，即后者担心"反映自然和现实的外来元素侵入理想主义的领地"。但我更愿意对这种自相矛盾的现象进行不同的、也更自然的解释。

斯克里亚宾无法将现成的文本转为音乐，因为他不能也不会让音乐思考的过程从属于一个不相关的实体。任何根据文字做的调整，对他来说都是对音乐本质的违背；每次耳闻一首艺术歌曲，他都会带着讽刺和不屑的声音听着。有时，不了解他的人会问他，为什么他从不为声乐写作。他通常回避这个问题；他无法想象他的音乐可以与文字在一种前者从属于后者的关系中结合起来。但如果他不可能给别人的语言配乐，为什么他自己不像瓦格纳那样，既写诗又写音乐呢？我相信这种自我否定的原因（他只是在他生命的最后几年，在《序幕》中重新考虑）是他语言的自我表达的不足。他意识到了这种不足，因为在他的第一交响曲的最后，他唯一一次为音乐设计文字的尝试失败了。

斯克里亚宾的特点是，他完全理解他的音乐成就的有效和意义，也从不寻求认可，却总是征别人对他的文学探索的意见。直到1914年开始起草《序幕》之前，他对自己的写作能力极为自信。他常说："我对我的音乐没有疑虑。在这里，我就像全副武装；我完全是艺术的大师。但在文学方面，我觉得自己像个业余爱好者。我对文学表达没有如音乐那般训练有素的掌握。"当他为那些他看重其意见的朋友演奏《序幕》的片段时，他从不寻求他们的认可，只是想与他们分享他的经验。然而，在撰写文本时，他迫切需要专职的诗人和作家的鼓励，例如维亚切斯拉夫·伊万诺夫或尤尔吉斯·巴尔特鲁沙蒂斯（Jurgis Baltrušaitis）。

斯克里亚宾对诗歌的尝试很多。其中最早的可以追溯到1901至1902年，那是一部正在构思的歌剧的草稿。但它的进展是不确定的。斯克里亚宾不断地修改歌词。尽管他为这部作品努力了两年，但他缺乏文学技巧是它失败的原因。与他的音乐理念不同，他的语言意象受到不自然结构的阻碍，只不过是不完美的诗歌草稿。1904年，当他在《狂喜之诗》的计划中再次尝试某种文学形式时，他将其作为对纯音乐作品的诗意评论单独出版了。虽然诗歌和音乐对他来说是单一艺术创作的双重方面，但他知道，他的诗歌的审美价值远不如他的音乐。他的文学的自我表达是理智型的，因为他无法用文字来描绘音乐中如此清晰地展现在他面前的视阈。

* * *

　　斯克里亚宾每件作品的完美印记也是他整个创作生涯演变的特征。在这里，我不必泛泛而谈，但可以从对他的艺术个性的个人了解中道出一二。斯克里亚宾在创作他的《第五钢琴奏鸣曲》和《普罗米修斯》（副标题为"火之诗"）时，超越了时间的维度。他的全部作品，从早期的奏鸣曲到最后的奏鸣曲，从《神圣之诗》到《普罗米修斯》，都可以被解读为一部部宏大的作品，其中他的奏鸣曲、音诗、交响曲和前奏曲只是昙花一现的表象。这不仅仅是一种修辞或一个画面般的隐喻，而是一个事实陈述，任何密切关注斯克里亚宾创造的个性之路并观察他工作进展的人都可以清楚地看到。可以说，斯克里亚宾的全部作品是个人力图以具体形式实现的以前从未在时间和空间维度里呈现过的东西的总和。他的每一部主要作品对他来说都是决定性的动作。对他来说，每一件后续的作品都是一项完美之举，每个作品都是未被超越的。但是，一首奏鸣曲或一首交响曲一经完成，他就立即注意到它的不足之处。然后他就开始一项新的工作，他希望在其中能够更接近他的理想，最终完成。他的一生都在试图创造一个独特的作品，这个作品将使其余的所有创造性努力显得徒劳。在努力实现这个梦想的同时，他也给了我们一系列优美的作品。然而，无论它们的质量有多高，对他来说，它们的数量都象征着失败。他坚信自己会在《狂喜之诗》中达到完美，他一生的梦想终于实现。然而一旦作品完成后，他看到的只是一个理想形象的影子而已。

斯克里亚宾总是以一种特别的温柔，热爱着他在特定时刻创作的每一件作品，并为此倾注了所有的精力。与此同时，他也会对之前的工作感到失望。即使在他的朋友中，斯克里亚宾也有着这样的名声：他热爱自己和自己的音乐，以傲慢的态度和几乎不加掩饰的蔑视对待其他作曲家。而事实上，一旦他自己的作品完成，他也就会因为对自己作品的有效性产生怀疑而深受困扰。他敏锐地感觉到他的音乐与他试图在这个世界上实现的崇高愿景形成鲜明对比。他似乎对自己拥有无限的信心，认为自己是一位神圣的受膏者。他表面上迷恋自己，但实际上他崇拜的是他的终极愿景。他努力实现渴望表达的完美，而他已经完成的事情从未给他带来所需的满足感。每件作品都只是全新的创作努力的垫脚石。

斯克里亚宾乐于演奏他的作品，并分析它们的正面和负面特征，有时甚至完全坦率地批评他的音乐。但当他过分沉溺于自己的过去时，他就显得有些消沉。"这不是我想要的。"他会说。不过只要一谈及他未来的计划和希望，他就会欣欣然忘却过去的失望，全神贯注，期待即将到来的快乐。他经常说："我只为未来的希望而活。"

在斯克里亚宾生命的最后几年里，这种对未来的渴望达到了一个特别急切的程度。单纯通过音乐手段去努力表达无法表达的东西似乎是失败的，这让他感到沮丧，他变得不耐烦了。他匆匆忙忙地工作着，仿佛有预感自己不久于人世似的。他会说："不用再说了，我必须开始工作，我必须加快速度，我已经浪费了太多时间。"

可以理解的是，他以这样的态度对待自己的作品，批评别人的作品。他出了名的对他人的音乐缺乏兴趣被认为是自负的病症。事实上，无论作品的作者是什么身份，他都失去了欣赏这类艺术作品的所有能力。即使他愿意承认其理论价值，他也同样无法研究与自己的愿望不一致的学说。一件艺术品需要一种纯粹的、客观的判断，这是斯克里亚宾永远无法作出的，尤其是在他生命的最后五六年。他常常只是对音乐感到厌烦，尽管出于礼貌，他掩饰了这种厌烦。在他自己的作品中，他特别喜欢他的《第一交响曲》的慢板和行板，以及他的《第二交响曲》的第一乐章和行板，因为在这些作品中，他似乎预见到更完美地表达了类似情绪的后来的作品。正是它们给他带来了最终圆满的希望。

斯克里亚宾对音乐有明显的反感。甚至包括贝多芬（众所周知，肖邦也很少欣赏贝多芬）的作品。当然，斯克里亚宾承认贝多芬的巨大历史意义，但他觉得自己和他之间没有艺术上的亲和力。他对柴可夫斯基音乐的态度几乎是病态的。当他不得不听柴可夫斯基的钢琴曲时，他感到非常痛苦。唯一能够深深打动斯克里亚宾，甚至让他忘记自己的音乐问题的作曲家是瓦格纳。他对瓦格纳的钦佩可以用瓦格纳乐剧的哲学性宏伟来解释。然而斯克里亚宾并不熟悉整个《尼伯龙根的指环》。1902 年，他在莫斯科第一次听到《齐格弗里德》。多年后，他参加了《众神的黄昏》的演出。他从未看过《莱茵的黄金》的完整舞台制作，也从未听过《特里斯坦与伊索尔德》或《帕西法尔》。他从未读过瓦格纳的任何主要理论出版物或瓦格纳的拥护者休斯顿·斯图尔特·张伯伦（Houston Stewart Chamberlain）或亨利·利希滕贝格（Henri Lichtenberger）的著作。他主要从大众杂志的文章里获得有关瓦格纳个性的信息。然而，他在参透瓦格纳音乐哲学的精髓方面却取得了惊人的成功。

斯克里亚宾对其他艺术的态度同样是个人化的。他对文学、绘画和建筑产生了浓厚的兴趣，但仅限于与他自己的关注点相关的范围。他忽略了对他的工作并非立即有用的主题。唯一的例外是诗歌，尤其是给他带来亲密的审美满足感的作品，例如康斯坦丁·巴尔蒙特和维亚切斯拉夫·伊万诺夫的作品。至于所谓的纯文学，我从未见过斯克里亚宾读小说、短篇小说或任何其他这类书。偶尔他会看契诃夫的书或杂志上的文章，但即使这也并不是经常的。对于他的智性培育，他更喜欢生动的思想交流。尽管他喜欢绘画，但他多年来从不参加艺术展。当代绘画强调纯粹的图像表现，没有任何精神联想，因此让他无动于衷。

* * *

斯克里亚宾的艺术哲学体现在他将自己的作品定义为最终实现梦想、愿景和理论的道路上的不同阶段。每一个作品对他来说都是通过越来越大胆的努力朝着实现的方向更接近于这个最终目标。他认为所有艺术都处于不断变化的状态。在他看来，任何一件艺术品都不能自给自足。他对自己作品的态度也不例外，对他来说，这些作品只是链条的一环，是时间里不断进步的每个瞬间。诚然，他为自己预留了一个特殊的小天地，但这只是因为他觉得自己注定要完成进化的循环，连接链条的各个环节。因此，他拒绝从欣赏某件艺术品以及这种享受本身中获得纯粹的审美乐趣——这种艺术的美食主义对他来说是精神贫困和心理颓废的症状。他从不厌倦地重申，一件艺术作品必须让观察者超越自己指定的限制；它必须激发行动和创造性付出，并激发进一步的展开。对斯克里亚宾来说，艺术是一种改变现象上的事实、解放它并使之超越极限的手段。这也是他自身革命本质的反映。

事实上，斯克里亚宾的内心深处是一个革命者。他不满足于在物质世界的前提和局限内创造新的艺术形式；即使在给定的时间内以大大加快的速度超越这些限制，他也不满意。他的目标是瞬间、毁灭性地消除现实，并将精神转化到更高的意识层面。斯克里亚宾相信历史进程的本质是互异的，这是他革命心态的典型观点；他感觉到现实结构中出现了巨大的裂痕，这些裂痕必须猛进式跨越。他怀有对一颗新地球、一个新天堂的启示录般的期望，等待着那个向"永生者"发誓"时间将不复存在"的天使的承诺可以激动人心地实现。

黑格尔说，无限增长的数量会导致质变。斯克里亚宾在我们讨论哲学主题时经常引用这个格言来证明他的"灾变论"。对他来说，这不仅是一个理论假设，而且是内心体验的体现。他在自己的身上感觉到这种巨大的张力是如何持续增加的，直到它突然产生了一种与之前有本质不同的新状态。他将自己的内心体验向外投射，推测整个世界的历史也都遵循着这个逐渐积累和成长的进化过程，当达到某种程度的饱和时，必然以世界灾难告终，进而导致新的进化、新的紧张局势和新的危机。斯克里亚宾将这种生活哲学与他主要作品的特定结构联系起来，对他来说，这代表了一系列系统性和逻辑性的逐渐扩张，朝着最终狂喜的方向发展。的确，斯克里亚宾的所有作品，从《第三钢琴奏鸣曲》开始，到《第十钢琴奏鸣曲》结束，都是按照统一的状态顺序构建的——倦怠、渴望、冲动的抗争、舞蹈、狂喜和变形。这个轮廓根本上很简单，它建立在一系列上升的基础上，每一个连续的波浪都越来越高，朝着最后的一跃——解放与狂喜。

* * *

斯克里亚宾更接近谁，阿波罗还是狄俄尼索斯？根据定义，所有艺术都必须是太阳神式的，因为它需要规则、节奏、尺度和自我限制，从而走向精神上的转变。从这个意义上说，斯克里亚宾是缪斯领袖阿波罗的信徒。事实上，斯克里亚宾是声音神殿最虔诚的阿波罗式建造者之一。然而音乐是一种酒神艺术。他具有形成非凡的精神体验的能力和自我限制的意愿，进行心理上的牺牲，这是艺术创作的必要条件。他知道如何将自己限制在固定的范围内，为了高耸的大厦的对称性和清晰性，毫不留情地扫除所有多余的东西，即使这些东西在艺术上是有效的。在这方面特别重要的是他最后的主要作品，其火热的性质包含在严格的形式结构的边界内。在这方面，他的作品是黑格尔意义上的古典作品。在每件艺术作品中可以通过分析辨别的两种元素——形式和内容——在斯克里亚宾的音乐中保持着一种近乎完美的平衡，形式结构构成了内容的全部，而内容又完全被形式所吸收。因此，他的作品具有非凡的自主性，就像所有杰作一样，它们有着自己独立的生命，甚至作为独立的现象与他本人——它们的创造者——对立起来。正是由于这种形式的完美，斯克里亚宾的作品才具有超越个体的品质。

如果我们暂时放弃将斯克里亚宾的作品作为他的艺术的

完美产物来讨论，而将自己置于他个人自我的现实中，我们会对斯克里亚宾的古典艺术观得出不同的结论。在我看来，古典视角最典型的代表是福楼拜。对他来说，一件艺术品，正如他在信件中所写的那样，本身就具有绝对的价值和意义。在福楼拜看来，艺术家的目标不是单纯发明趣味，而是完成一件完美的作品，它的存在证明了艺术家的努力是正确的。创造者自己只是工人、能手和建造者。他本身并不及自己的创作。生活只是艺术的原材料。斯克里亚宾对创造者这些属性的态度与福楼拜完全不同，他的看法是反古典的、浪漫的。他全神贯注于生活的动荡元素，不仅努力创造美，还努力感受创造的生活过程。他认为自己的目标不是实现审美有效性的产品，而是实现一种强化的存在方式。他想要存在。他渴望真实的变形，而不仅仅是它的影子。斯克里亚宾将生命置于艺术之上；在艺术中，他看到了丰富、增强、升华生活的手段，最终获得了神秘的力量。对他来说，占据中心的是艺术家本人，而不是他创作的产物。他曾经告诉我，果戈理在他生命的最后几年所遭受的危机，导致他烧毁了他的小说《死魂灵》的第二部分，对果戈理本人也好，对全世界也罢，这都比小说本身的命运更重要。果戈理注定要牺牲他的创造来强化他的精神生活。斯克里亚宾以类似的方式解读但丁、（他非常珍视的）达·芬奇、拜伦和歌德的生平。他们首先是作为人，其次是作为艺术价值的创造者对他具有吸引力。他们比他们最伟大的创造更接近斯克里亚宾。这种态度解释了他为何否定绝对的审美价值和永恒的杰作，或者说是超越时间存在的杰作。艺术作品，即使是其中最伟大的作品，也是时间的产物，因此是易朽的。它们的寿命可以用数百年来计算，但最终它们注定会变老和死亡；它们不会凌驾于生命之上，而是在生命之流中。当然，这种观点与古典艺术理论截然相反。例如，对于福楼拜来说，真正的艺术作品是超越时间维度的，人的口味会变，天才的作品可能会被暂时遗忘，但这种遗忘并不影响它的内在价值，它永远不会被削弱。

斯克里亚宾以完美的形式建立了真正古典的声音大厦，他们之间是一致的，并且在古典意义上是独立的。然而，他将这些建筑视为短暂的纪念碑，而不是自主存在的物体。"艺术只是一种令人陶醉的饮料，一种神奇的酒。"他曾经说过。这种故意自相矛盾的陈述体现了他对艺术价值的看法。他进入阿波罗神殿只是为了在现实中执行他在那里看到的图景。他用这句座右铭总结了他的哲学："通过艺术，我们从现在的生活抵达另一种生活。"

在作曲时，斯克里亚宾从不将一部创作中的作品视为达到目的的手段，而是将其视为创造性的现实。他是他自己最严厉的批评家，一位认真的艺术技师，一位建筑能手，一位形式主义者，甚至一个书呆子。这种创造性哲学的二元性是斯克里亚宾的典型特质。它渗透到他的整个生命中，并呈现出许多不同的形式。斯克里亚宾虽然是一个拒绝理性主义的神秘主义者，但在思维方式上，他保持着逻辑顺序，总是在为他的精神体验寻找辩解。这种自由而叛逆的精神，并未体现在他的着装、他的谈话和他的日常行为上，在这些方面他却都愿意遵守传统的社会习俗和世俗的大流。他甚至将他的常规姿态当作一种挑战来炫耀。同样，在他的艺术表达中，浪漫主义作曲家斯克里亚宾严格遵循了正统古典主义的惯例。

* * *

斯克里亚宾很早就意识到他的艺术与他的哲学完全融为一体。他总是知道自己想要什么，并以最清晰的方式想象自己的目标。这种意识，这种周密的计划对他来说是根本的；他很少关注那些不知道自己的艺术意图的天才人物，他们仅凭直觉创作杰作。正因如此，他对天生的天才海顿、莫扎特或拉斐尔的欣赏是有限的，但同时他又非常钦佩达·芬奇和瓦格纳这种新艺术形式的自觉的创立者。但当他在朱利叶斯·卡普（Julius Kapp）的瓦格纳传记中读到外部事件有时会影响瓦格纳的艺术哲学时，他的幻想破灭了。"我一直认为瓦格纳很清楚他想要完成什么。"他遗憾地评论道。

这种对理想的意识与某种可以称为恶魔附体的东西结合在一起。有些时候，他的思绪似乎在游离，但就在这些时候，新的景象最清晰地出现在他的眼前。我目睹他处于这种创造性的狂喜状态。他似乎陶醉于从彼岸注入他灵魂的烈酒，似乎被一股神秘的力量附身。在这般时刻，真实的亚历山大·尼古拉耶维奇·斯克里亚宾，我们从日常接触中非常了解的人，似乎溶解在那个在他心中升起并占据他心灵的人的光芒中。旁人为他改变了的样貌而感到陌生和不安，同时又不可抗拒地被它所吸引。所有艺术门类似乎都在他身上融合，他的人格结构本身似乎消失了。这就是斯克里亚宾在创作《神圣之诗》《第五钢琴奏鸣曲》《普罗米修斯》和《序幕》时的状态。当他在家里为亲密的朋友演奏他的作品时，我们看到了这个变形的斯克里亚宾。

俄罗斯的宗教教派常说"圣灵降临在我们身上"，用来形容那些意识到被附身的信徒的特殊心理状态。我记得1915

年斯克里亚宾在彼得格勒举行的最后一场音乐会上的这种附身状态，那是他去世前两周。当他演奏他的《第三钢琴奏鸣曲》等作品时，他的眼中闪过一种难以言喻的超凡脱俗的神情。独奏会结束后我陪他回家时，已是深夜，我告诉他我的印象。他说他确实完全忘记了是在观众面前演奏。他甚至完全没有意识到自己在演奏什么，甚至没有意识到自己是表演者。"我很少在音乐会舞台上体验到这种感觉。"他补充道。他在舞台上的镇定自若通常是彻底的。按照他自己的解释，他甚至可以像是在身外监督自己一样，免得自己走神。

1914 至 1915 年的冬天，在我们最后几次会面时，斯克里亚宾时常为我演奏他未完成的《序幕》的片段，展示他对未来的构想。有时我觉得他已经脱离了尘世生活，他那永恒的自我已经穿越到了另一个层面。我本能地想知道是什么让他留在了地球上。如果他显然断绝了与它的所有联系，他怎么能继续停留在我们存在的这个层面上？但是他的精神结构就是这样的，以至于当他似乎仍然被与我们不同的世界的阳光照射时，他可以立即回来并继续向我们分析、证明、制定和描述他的预言。

即使在精神上最崇高的时刻，斯克里亚宾也从未诉诸音乐即兴创作，也从未试图通过在键盘前即兴演奏来倾吐自己的感受。他要么投入到新作品的工作中，要么演奏他的一些旧作品。在我们长期的友谊中，我只听他即兴演奏过一两次。如果他应邀坐在钢琴前弹奏，他可能会尝试一些即兴的和弦或乐段，然后开始弹奏他已发表的一首作品。而他也只是为了知心的朋友，才自愿弹奏尚未完成的作品的片段。

这种不愿即兴创作的原因，不仅在于斯克里亚宾坚持轮廓分明、组织严密的形式，还在于他独特的理想主义。艺术中所有对人类情感的写实描绘，即使是以最细微的方式，对他来说都是不可接受的。他不仅避开了现实主义艺术，而且避开了音乐中的任何心理暗示。对他来说，艺术是精神变身的代名词。他的理想主义指的不是艺术作品的内容，而是其实现的方式。这就是为什么他感到不得不拒绝穆索尔斯基的现实主义艺术，尽管穆索尔斯基的音乐形象显然是真诚且直接的，这是穆索尔斯基——《鲍里斯·戈杜诺夫》（*Boris Godunov*）的作者最受钦佩的品质。对于斯克里亚宾来说，"质朴无华"一词总是带有贬义，因为他坚信艺术必须具有艺术性，才能克服和压倒生活的现实主义。

* * *

斯克里亚宾艺术个性最显著的特征之一是他在创作工作中的绝对自由感。我对他工作的这种自主品质一直都印象深刻，他完全不关心外部事件、条件或影响。我不记得有任何其他艺术家曾在其作品中获得过如此的自由和自主。斯克里亚宾的个性核心被包裹在一件坚固的盔甲中，任何外界的声音都听不见。他在这层保护罩之下过着自己的生活，他创作着，在完全的宁静和孤独中体验着这保护罩背后的欲望。这种孤立不应与冷漠或缺乏人性相混淆。斯克里亚宾对外部事件反应热烈，对他人表现出真诚和亲切的关心。他很容易与人建立温暖的友谊，但他也可以很容易地终止它们。他可以自由地屈服于影响。但在所有这些关系中，似乎只有他个性的一方面在起作用，他最内在的自我保持自由。这个内在自我受到保护，免受入侵。在斯克里亚宾的个人生活中，无论是物质上还是道德上，都曾有过一段极其艰难的时期，但在他的音乐作品中很难找到这些经历的任何反映，也许除了《第一钢琴奏鸣曲》中的"葬礼进行曲"，那是斯克里亚宾在一个似乎无法治愈的手部疾患引发的强烈震动时期创作的。

斯克里亚宾在他财务状况最为艰难的时候写下了《狂喜之诗》；有时他甚至没有足够的钱购买邮票来通信。他最喜欢的孩子在第一段婚姻中死去，这几乎让他心碎。尽管他哭了一整天，但他并不曾中断工作。他那光彩夺目的《第四钢琴奏鸣曲》是在遭遇重大危机时期写成的，当时他面临着一个改变他整个人生的关键决定。

当1914年战争爆发时，斯克里亚宾正在着手编写《序幕》的文本。尽管他没有意识到战争在世界历史上的重要意义，但他对战事感到非常不安。我记得他是多么不耐烦地想看日报，为此我们不得不步行到大约六公里外的车站。但在他读完快讯和我们交换意见之后，他会去楼上的阳台继续他的工作，经常顶着烈日，忘记了其他一切。直到第二天早上，他再次腾出一两个小时来讨论战争，仿佛他正在学习课程或执行必要的日常任务。我希望重申，这种将自己从现实世界中抽离出来的能力并不是冷漠的表现。他对生活中发生的一切都感兴趣。他试图接受人类知识的所有分支。只有当他觉得外面的世界会以某种方式侵占他的内心生活时，他才想隐居起来。他的内心世界是那么广阔，那么深邃，那么丰富，那爆发出来的力量是那么强大，以至于任何东西都无法遮掩他眼前如此鲜明的景象。

* * *

　　斯克里亚宾性格中最典型的品质之一是他对人的信任，他乐于公开他的计划和愿景，甚至向他们倾诉他日常的工作过程。他时刻准备着将自己内心的财富挥霍在别人身上，仿佛被过多的念头压得喘不过气；他在分享他的宝藏时体验到了真正的快乐。但是，虽然许多人被他召唤，但很少有人被看中。这不是挑剔的结果。一个人对宗教、哲学或艺术表现出兴趣就足以让斯克里亚宾透露他最隐秘的希望和意图。他经常后悔自己的急切，发誓要在人际关系上更加谨慎，但他很少成功地执行这个决定。他想要传达他的内心体验，分享他从精神资源中获得的重要营养，强烈到无法抑制。

　　就个人而言，斯克里亚宾并不是一个乐观主义者。他总是以一种有点阴沉的眼光看待生活。他也曾怀疑别人。他希望每个人都分享他的渴望、抱负和愿景，这些渴望和愿景支撑了他的精神，他认为他所要做的就是激发他人的这些理想，让他们加入他的事业。他相信他说的是全人类的语言。当他在别人身上看到一丝共情的火花时，他喜出望外。但当他的友谊没有得到充分的回报时，他的幻想就会破灭。他过于敏感，很容易因缺乏理解而灰心丧气。他并非不宽容，也很愿意与最坚决的批评者进行讨论，但一旦遇到冷酷的冷漠，他就会在很长一段时间里退回自己的世界。

三 神秘主义者

在前面的章节中，我主要从自己的记忆中尝试重新塑造思想家和艺术家斯克里亚宾的形象。我沿着从外围到中心的路径，直到它把我带入斯克里亚宾个性的内核，到他最私密的本质，到那个孕育他的哲学和艺术的深藏不露的土壤里。在其原初状态中，我发现了他创造性自我的源泉。在这片土地下的黑暗中，他的哲学和艺术的紧密交织的根源被埋没了。他所相信的一切，他渴望的一切，他创造的一切，都是由他的直觉经验决定的。斯克里亚宾是个神秘主义者，他身上的神秘感支配着他的哲学和艺术的信念。归根结底，他的哲学和艺术个性的独特性，在这篇分析中被浓缩于他神秘经历的独特性。因此，为了理解斯克里亚宾，人们必须深入到这些深处，并试图驱散笼罩那里的黑暗。这只能由另一位直觉地能够在其关键的一体性中欣然接受斯克里亚宾个性的艺术家来完成。分析法在这里将完全失效，因为不可能用理性的术语来表达一个本质上是非理性的东西。我们没有其他通往斯克里亚宾的途径；我们要么放弃一切看透其个性的尝试，只局限于艺术范畴，要么从逻辑概念的角度讨论他内心深处个人的神秘主义，试图接近不可接近者，将非理性者合理化。

为了将斯克里亚宾理解为神秘主义者，我们必须首先定义这个已经以多种不同方式使用的术语。我们必须区分神秘性（mystique）和神秘主义（mysticism）。前者指的是神秘体验的总和，后者代表了或多或少系统建立的学说和学科，其中传达着神秘性。前者与直觉统觉有关，后者与个人神秘感在其中找到合适表达的思想和概念系统有关。没有神秘性，神秘主义是不可想象的，因为没有进入神秘主义的个人经验就没有神秘主义的教义。反过来说，这样的神秘性也不能完全脱离神秘主义。每一种神秘体验都在一个或多或少有组织的系统中得到表达，这种系统由神秘学说所体现，即神秘性的花朵和果实，即使它没有完全开花或成熟。

严格来说，每次神秘主义者试图讲述他的经历时，他都参与了神秘主义。普罗提诺的神秘经历是不容置疑的，因为他创造的神秘系统是对这种神秘体验的宏大投射。阿西西的圣方济各和萨罗夫的圣塞拉芬（St. Seraphim of Sarov）从未建立过原创的、自成一体的神秘学科，而是用教会认可的宗教术语来传达他们的神秘经历。但他们经常注入自己的个人经验，这成为他们神秘理论学说的一部分。神秘主义是一门以特定术语解释世界的特定学科，是个人神秘体验的图像和概念的转录。

可以从两个角度分析神秘体验：从对象本身以及从观察者所进入的联系。神秘主义者体验到通常意识无法触及的东西，他以完全不同的方式体验到这些东西，超出了普通的感知模式。神秘沉思的对象是什么？显然，它不可能是具有质量特性的东西。它不能是与已知的"那个"有所区别的已知的"这个"，而是一个将"这个"和"那个"合并统一的实体。神秘体验的对象是一个整体，一个单一的、不确定的、无条件的实体。这种缺乏定性和模糊不清不是精神贫乏和空虚的结果，而是源于存在的丰饶。作为一体的"整个"，这个实体不仅仅是对神秘主义者而言的抽象，就像对普通意识一样，更是代表一个完整的、活生生的现实，神秘主义者能在其中区分各个组成部分。但是这个现实是如何向他呈现的呢？他不是通过话语推论或分辨剖析，不是把它当作异物或外在的东西来体验，而是通过直接认知直观地体验它，并从整体上接受它。在这种体验中，没有主体与客体之间的关系，也没有对超验客体的指向，因为这个客体内在地存在于神秘主义者的意识中。一个神秘主义者在自己身上感知到这个对象，它向他展示了自己的本质，或者作为他完全认同的某种无限强大的力量，存在心中；他沉溺于它之中，而它接受并渗透了他。因此，在神秘体验中，个人观察到无限的内在性；所以，一个神秘主义者的自我认同处于他和绝对者（the Absolute）的终极深度中，他通过绝对者来自我肯定，或者相反，他在面对神时承认他的完全自卑。这自然有许多不同层次、细微差别和形态，有时相互矛盾，从大胆冒险的神学，到谦卑地承认任何要求独立自我主张的彻底罪过。

神秘体验的形式多种多样，神秘学说也很多，但无论神秘主义者如何体验他的感受和渴望，其基础仍然是对"无限"的独特而直接的感知。

* * *

既然斯克里亚宾用图像和概念表达了他的神秘体验，我们不仅要分析他的个人神秘性，还要解析他的神秘密码。我们必须回答两个基本问题：斯克里亚宾的神秘体验是什么？他的神秘学说的本质是什么？我们得首先考察他的个人经历，因为他的神秘主义影响了他的创作并结晶成了他的行动，必须从心理学的角度对其进行考察，以了解其重要的流动。

神秘体验是多样态的，而且往往难以捉摸，但可以将它们组织成某些类别，根据某些特征对其进行分类，要始终牢记这种分类纯粹是示意性的，仅仅起辅助作用。它的基础是神秘体验本身的对象，带有神秘性的东西，神秘主义者作为交流者参与其中直观感知到的无限性。一些神秘主义者认为它是一种自我封闭、完善并沉溺于绝对完美状态的存在。它是静止的、无边无际的，是一个吸纳所有差异的海洋，因此任何变化，任何运动，都变成了幻觉、欺骗和越轨。仅有的现实是"它""无"和"全"。其他神秘主义者将"无所不在"视为一团燃烧的火焰。对他们来说，超绝者（the Unique）不是静止，而是运动、动力和不断更新的创造。他们看到的不是完美的、不变的"真理"，而是"永恒"的生命之流，他们沉浸其中并与之融合。

毫无疑问，这个格式是初级和粗略的；单纯的类型极少存在。尽管如此，第一类还是可能包括印度教徒的神秘主义，也许还有埃克哈特大师（Meister Eckhart）的学说；第二类是各种变形的赫拉克利特学说，在某种程度上，类似普罗提诺和雅各布·波墨（Jakob Böhme）的学说。

如果我们根据"神秘"与超绝者之间的关系来划分类别，就可以假定两种神秘体验，被动与主动，阴与阳。埃克哈特大师是第一类的杰出代表，我们能通过他的演说和布道来判断。他欣喜若狂的神情是极度被动的。在这些状态下，他自己的个性和意志都消失了，他的灵魂可以自由地接受启示，完全被神性所渗透——因此，埃克哈特的自我克制学说是至高无上的美德。埃克哈特的弟子亨利·苏瑟（Henry Suso）

的神秘性与此相似，但它因爱而更加复杂，特别是对女人的爱。与苏瑟的神秘感非常相似的是福利尼奥的圣安吉拉（St. Angela of Foligno）。另一方面，雅各布·波墨的神秘感是活跃而阳刚的，是一种意志力的神秘感。与代表神秘体验的中间形式的被动类型相比，这种要少得多。在盖恩夫人（Mme. Guyon）的神秘性中，这种被动性达到了危及个人存活的极端状态。

也可以另一个标准解释神秘体验的分类，该标准由神秘主义者本人的个性决定，而不是由他关于超绝者的特定印象决定的。在这种分类中，我们也发现了熟悉的主动和被动类型交替。有沉思的神秘主义者，也有活跃的神秘主义者。严格来说，默观是一切神秘体验的基础，后者只能通过默观才能显现。狂喜启示的时刻间隙之间有时旷日持久，一些神秘主义者在这期间完全不活动，等待并渴望着新的狂喜。其他人则处于持续活动状态。他们愿景的特点是，他们迫切需要采取行动，以实现他们的愿景，无论是通过自己的努力，还是通过求助于更高的神圣权威，从而成为神灵的顺从仆人。在大多数神秘主义者的经验中，默观和无作为的时期与高频活动的时期交替出现。阿西西的圣方济各、萨罗夫的圣塞拉芬、拉多涅日的圣塞尔吉乌斯（St. Sergius of Radonezh），特别是亚维拉的圣德兰（St. Teresa of Avila）就是这种情况。她生命的最后阶段以充满活力的实践活动为标志，她认为这些活动是通过她实现的神圣行动。

斯克里亚宾的神秘体验可以归结为这两种基本类型的神秘主义中的第二种。他将无限体验为一种动态的存在，一团活生生的火焰；他积极努力，绞尽脑汁到达高屋建瓴的神秘层面。他的神秘性是男性化的和意志上的，而不是女性化的或善于接受的性格；它的特点是强烈的实用主义，使他的默观充满活力，它们的力量来自他的愿景。他的神秘体验促使他采取行动。对他来说，现实是他参与的大戏。如果说苏瑟的奥秘是爱的神秘性，而圣方济各、圣德兰和圣安吉拉的神秘性在于充满痛苦的爱，那么斯克里亚宾的神秘性就是从创造性行为来的。

* * *

在他的童年和青年时期，斯克里亚宾非常虔诚。在他 20 岁的时候，他经历了宗教意识的危机。正如斯克里亚宾自己告诉我的，没有经过任何复杂过程，它就成了过去；在这种缺乏危机感的情况下，他的自豪感和自信感可能对他有所帮助。在斯克里亚宾约 1906 年的一本笔记中，可以找到一些显要的自传性的提示。这是一个片段：

> 幼儿期：喜爱童话故事，生动的想象力，宗教的情绪。10 岁进入军校。对老师和牧师的无限信心。对《旧约》的幼稚信仰。祈祷……非常认真地参与圣体圣事……16 岁，明显缺乏自我分析……20 岁，一种不祥的手部疾病，这是我一生中最具决定性的事件。命运设置了一个障碍，根据医生的说法，无法治愈，从而实现一个热切渴望的目标——那是光环，是名声。人生第一次严重挫败。第一次认真的哲学尝试；自我分析的开始。不愿承认我的病是无法治愈的，但又痴迷于忧郁

的情绪。对生命、宗教、上帝的价值的第一次反思。继续坚定地相信天父而非基督。热忱，长时间的祈祷，不断去教堂。对命运和上帝的责备。写就带有一段葬礼进行曲的《第一钢琴奏鸣曲》。

这些随机观察是斯克里亚宾早期怀疑的典型代表。他只为自己记下了它们，从没想过其他人会读到。他总是藏起自己的笔记本。他甚至没有向他最亲密的朋友展示它们，而是将它们锁在办公桌抽屉里。当他偶然或由于心不在焉而忘记收起其中的任何一本时，他就会表现出忧虑，担心有人会读到它们。因此，这些笔记无疑是真诚和真实的。斯克里亚宾漫不经心地提到他对天父而不是基督的坚定信仰，似乎更能说明他的神秘生活，这种生活完全被神的创造性方面吸纳了。他向天父上帝，即天地万物的创造者宣誓效忠，他觉得与他最亲近。他坚持俄罗斯东正教的教义，但他崇拜的是三位一体的首位，即造物主，而不是救世主。即使当他对神智学产生兴趣并接受了圣言（Logos）的教义时，圣子仍然与他的灵魂格格不入。理论上他接受了基督，但后者也是依靠万军之主而活的。这种抗拒愈发奇怪，因为基督教的神秘主义主要围绕着圣子，救赎的奥秘位于中心。在所有神秘主义者的经验基础上，无论是在西方还是在东方，都存在着对自己罪恶的意识，一种压迫灵魂的负罪感。然而，这负罪感对斯克里亚宾来说是完全陌生的。救赎的问题很少影响他。因此，他从来没有感受过对基督的需要，他只接受他作为最初的圣言的创造性方面。直到很久以后，在他去世前两年，斯克里亚宾才开始感觉更接近救世主，并接受了个人存在的罪恶感。这种变化的证据可以在《序幕》的文本中找到，斯克里亚宾在该文本中第一次谈到了道德问题。他在21岁出人意料地遇到宗教危机之前的生命哲学，是由他意识到与造物主有重要联系，意识到在世界运行中个人参与神圣的创造行为并沉浸其间决定的，也是由对世界的原动力和创造性的沉思决定的。这场宗教危机的激化，多半是因为他初识哲学，毁掉了他年轻时的纯洁信仰。然而，决定他精神生活的方向和性格的不仅是哲学思辨，还有他对自己的创造力、近乎无限的力量的日益认知。危机很快就过去了，也没有出现并发症，培育了一种自我主张的与神的战争（theomachy）。在他未完成的歌剧剧本的片段中发现了这场斗争的一些痕迹。这里有一些节选：

一、万福。理想，真理。在我之外的目标。对上帝的信仰，这使我充满了对崇高理想的渴望，并希望通过神圣的力量实现它们。

二、对实现这一目标的可能性感到幻灭；责备上帝。

三、寻找自己的理想。抗议。自由。

四、对自由的系统辩护。

五、宗教。

这些笔记代表了斯克里亚宾希望追溯其发展道路的想法。以下在另一张纸上的段落更具个人性质，它显然是在说他的宗教危机之后的时期，大约1894年，当时斯克里亚宾正在创作《练习曲》（op. 8）：

无论谁嘲笑我，谁把我扔进黑暗的地牢，谁

把我高高举起却又把我摔下，谁给我礼物却又拿了回去，谁爱我却折磨我，我都会原谅你，我不会责备你。我还活着，我仍然热爱生活，我热爱人类……我将走出去向所有人宣布我战胜了你和我自己。我会出去警告他们不要把希望寄托在你身上，不要对生活抱任何期望，除非他们能为自己创造什么。感谢你让我经历了所有的磨难，因为你让我知道了我无穷无尽的力量，那是我无限的力量，我的所向无敌。你赋予了我创造力。我将去向全人类传递力量的信息，告诉他们不要绝望，什么都不会丢失。

这份声明的高雅修辞风格并不一定会损害斯克里亚宾的诚意，因为他完全是为自己写的，而某种浮夸是他自然写作风格的特点。然而，这种反叛状态不会继续下去，因为斯克里亚宾天生就厌恶消极态度。他通过自己来维护自己，而不是通过与他人对立的方式来维护自己。他的道路是从外在的神，在他之上的神，到内在的神。然而这样将中心转移到他自己身上的转换，只能导致自我神化（鉴于斯克里亚宾对自己的力量和强大内在张力的意识）。神学是斯克里亚宾将创造力归于他自己的前奏，而这创造力的象征是上帝。危机结束了，斯克里亚宾仍然孤身一人，但他再也没有依赖外来的力量，也从未将这种力量神化。他声称自己是力量的源泉。这些拜伦式的情绪反映在他为这部他从未完成的歌剧草拟的歌词中。在他的音乐中，这种反叛的情绪，这种对更高权力的挑战，在后来的《音诗》（op. 32）第2首中表现出来，斯克里亚宾自己将其描述为拜伦风格，同样的风格也表现在

《悲剧之诗》（op. 34）中。

＊　＊　＊

　　当我第一次见到斯克里亚宾时，他给我的印象是一个极度自我中心的人。对他来说，他自己似乎拥有绝对的效力。除了他的个人意志之外，没有任何东西存在，它根据自己的规律支配着一切。斯克里亚宾似乎是尼采主义的典型产物。只有当我更加了解他时，我才意识到他的自我中心主义隐藏着与尼采的戒律截然不同的东西。斯克里亚宾在他的灵魂深处并没有将自己投射到另一个存在的层面。对他而言没有其他层面。对他的著作的审阅表明，他的个人主义、尼采式的情绪既没有持续多久，也没有深入他的意识。唯我论的个人主义对他来说只是达到目的的手段，而不是目的本身。

　　我对斯克里亚宾精神状态的描述，与被广泛接受的斯克里亚宾作为极端个人主义者的观念完全矛盾，而斯克里亚宾的评论家维亚切斯拉夫·卡拉蒂金就系统地提出过这个观念。他只在最后的作品中发现了对个人主义的背离。斯克里亚宾的传记作者列昂尼德·萨巴涅耶夫也表达了类似的观点。鉴于我与斯克里亚宾的多次讨论，我必须断然拒绝这种观点。斯克里亚宾的人生哲学更为复杂和独创。

　　斯克里亚宾在他的一本笔记中写道：

　　　　个性只存在于与其他个性的关系中；它代表了一种色彩，一种精神在时间和空间框架中的感悟。求生的意志在全人类中是一致的；变化只是一个短暂的现象……渴望创造了实现它自己的工具。最高的综合体现在人和人类社会中，它的目标是保护生命和促进个体进步。但是有一种更高的综合性，具有神圣的性质，安置在存在的至高时刻，它必将吞没整个宇宙，并赋予它和谐的绽放，也就是狂喜，使其回归到最初的宁静状态，即非存在。只有通过人类意识才能完成这样的综合，提升到对世界的更高意识，将精神从过去的锁链中解放出来，并在其神圣的创造性翱翔中将所有鲜活的灵魂带走。这将是最后的狂喜，但它已经近在咫尺。

斯克里亚宾生命中的某些时刻，他想把世界当作他者，某个必须被征服的他者来占有。在他的神秘体验中，他将宇宙视为他自己的一个属性，他想象自己处于象征宇宙的火焰的中心。这不是唯我论的同行。因为唯我论会导致萎靡、空虚和不足，它根植于自给自足的自负宣言。对于斯克里亚宾来说，他的独特性和神性的断言不是自我中心主义的启示，而是他个人意志的绝对命令。他并不认为外部世界是虚幻的。他人的存在与他自己的存在一样真实或不真实。这两种现实之间的唯一区别是，他认为自己有着赋予他和他人生活的创造性行为。在他的灵魂中，他期待着意识到这一行为的那一刻。他觉得在他自己的个性中，这种积极的力量开始觉醒。

当然，所有这些修辞格都是隐喻的。言语在这里无能为力。只能暗示斯克里亚宾本人试图用语言阐明的东西——他的意识的觉醒，如此强烈的感觉，如此丰富的内容，如此复杂，同时又如此简单。他设计的公式未能满足他；他不断修正和补充他的定义。他无法为他非凡的精神生活找到一个口头上的对应物，这造成了特别的困难。实质性的范畴让他望而却步。他是在行动的名义下沉思所有事物。对他来说，只有行动才具有现实性；关于行动的基础，它的本质，他知之甚少。斯克里亚宾从未读过亨利·柏格森的著作，他断言行动的首要性，并否认行动的主体的存在。我记得他在阅读文德尔班的《新哲学史》时非常满意地告诉我，费希特也将世界解释为一个纯粹过程的系统，并且只承认行动而不是物质是有效的实体。

下面的片段来自斯克里亚宾 1903—1905 年的笔记本，那是他创作《神圣之诗》和《狂喜之诗》的时候。

宇宙代表了我创造性工作的无意识过程。感官世界是其中的一部分，被我的注意力照亮。我什么都不是，我有活下去的意志。通过我欲望的力量，我创造了自己和对生活的感受。生活。创意活力。一切都在我们里面，而且只在我们里面。哦，你，在我记忆的光芒中诞生的过去的深处。哦，你，由我的梦想创造的未来的顶峰：你并不存在；你不断地舞动着变化着，正如我的愿望，自由而独特，舞动和变化。我是自由的。我有生活的意志。我渴望新的和未知的。我想创造，有意识地创造。我想登上山顶。我想通过我的创造性作品，通过它奇妙的美丽来迷惑世界。我想成为最亮的光，最大的太阳。我想用我的光照亮宇宙。我想吞没一切，吸收我的个性中的一切。我想给世界带来欢乐。我想像对待女性一样对待世界。我需要世界。

我就是我的感受。我通过这些感官创造世界。我创造了无限的过去，我的意识的成长，成为我自己的渴望。我创造了无限的未来，我的宁静，我的悲伤和快乐。我什么都不是。我只是我所创造的。宇宙的宿命是清晰的。我有活下去的意志。我热爱生活。我就是神。我什么都不是。我想成为一切。我产生了我的对立面——时间、空间，等等。这个对立面就是我自己；因为我只是我所产生的。我想成为上帝。我想回到我自己。这世界在寻找上帝。我在寻求自己。世界是对上帝的渴望。我是对自己的向往。我是世界。我是对上帝的追寻，因为我只能是我所寻找的。人类意识的历史始于我的探索和我的回归。

"我什么都不是"这句话几乎出现在每一页上。在我们的谈话中，这也是一个不断的反复。在摧毁了圣灵中的一切之后，斯克里亚宾将圣灵等同于虚无。我想起了他的喜悦表情，在他突然有这个想法时。"什么都不存在！"他叫道。"我并不存在！但如果现实中什么都不存在，那么如果我通过创造的行动命令它存在，那么一切都会存在。"这句反复的"我什么都不是"表达了斯克里亚宾的反实体主义，他关于存在的灵活本质的假设——服从创造者的命令——以及他对无限自由的感觉。"如果什么都不存在，"他常说，"那么一切皆有可能。"

所有这些话语都暴露了一种奇怪的以自我为中心的心态。斯克里亚宾似乎在宣称：世界是我想象的产物，我是神圣的；在我之外什么都不存在。这些声明的真正含义必须结合斯克里亚宾关于外部现实的观念来寻找。斯克里亚宾毫不含糊地提出了这个问题，并试图证明对外部现实的否定必然导致对自己现实的否定。我逐字引用斯克里亚宾宣言的最后部分，这证实了他对他的人生哲学所说的话。

个体意识只在内容上有所不同，但这些内容的承载者是相同的。它们超越了空间和时间。我们在这里面对的不是多种意识状态，而是一种宇宙的意识，它在垂直（在时间上）和水平（在空间上）体验到多种意识状态。我们不应该对一个相同的意识在不同的个体身上显现的世界感到惊讶。更神秘的是，宇宙意识包含了某地的伊万的意识，也包含了另一地的彼得的意识……因此，个体意识的概念是相对的。只有一种普遍的意识，一个人在其中找到自己，根据这个意识在空间中的某个时刻的某个空间所经历的内容。作为一个创造性的实体，个体意识不过是潜在的一切。但个性只存在于空间和时间的范畴中……通过单独感知某物，我创造的不是想象的而是真实的多重中心，反映了一个独特的创造性实体的相互作用，它同样意识到它所包含的所有独立的个性。目前，在空间的某个特定点，我是一个有自我意识的个体，但我也是一个由我与外部世界的关系所定义的行为。但绝对地说，我就是上帝；我是一个同时体验所有其他意识的意识。我是你。我是全部。我在不知不觉中创造了与众生一样多的世界。现在我已经把自己提升到了有意识创造的水平。

斯克里亚宾继续写道:

> 宇宙真正的中心是无所不包的意识。我们的过去,还没有达到意识的层次,而我们的未来是这种意识的一部分。过去和未来都源自它,无限的空间也是如此。它们仅作为创造的属性而存在。宇宙是上帝创造的,与上帝的旨意一致。上帝是一个包罗万象的意识,一个自由的创造冲动。就我意识到世界是我的创造而言,一切都必须是我自由意志的产物,没有任何东西可以存在于我之外。我是一个绝对的存在。其余的都是在我意识的光芒中诞生的现象。

但是这个"我"是谁?不是位于时空中的某个点、体现了某种个体意识的,而是亚历山大·尼古拉耶维奇·斯克里亚宾在自己身上看到的普遍的"我",是超绝者的意识在他里面迸发火焰。关于这两个"我",斯克里亚宾在他的一本日记中明确写道:

> 在时间和空间中,我遵循时间和空间的规律,但这些规律是由我的更大的"我"制定的,它必须服从于更大的"我"所创造的时空法则。

我们必须记住,这些话不是斯克里亚宾推理的结果;它们并不代表他思想的逻辑过程,而是试图用理性的术语来阐述和解释他所经历的心理现象,与其说是对别人,不如说是对他自己说的。这些经历是无与伦比的；因为在这些经历中，斯克里亚宾不仅假定他与外部世界和植根于上帝的意识的认同，而且宣称自己是整个宇宙进程的动因，没有任何材料支持，除了自我之外，所有目的都是为了自我的喜悦。斯克里亚宾将世界视为剧场。在谈话中，他经常将生活描述为一场宇宙游戏。斯克里亚宾写道：

> 如果世界是我独一无二的、绝对自由的行为，那么什么是真理？我在我的身上找不到它；它给我带来了无尽的痛苦。我一直在寻找真理。我渴望它……如果我自己感觉不到真理，只能认定我所创造的东西，就没有真理……这个世界一直渴望自由，又总是害怕它，它需要真理作为支撑。多么愚蠢的追求！真理和自由是相互排斥的。让我们不要害怕这无底的虚空！但如果没有真理，人生的目的是什么？难道我们所有的悲伤，所有的快乐，所有的人生伟大崇高的价值，都只是幻影和幻觉吗？但还有一个安慰。这一切的存在只是因为我们希望它存在；所有的存在都是凭我们欲望的力量创造的。我们对力量和自由的意识避免了世界消失于虚无。如果我想飞，我可以向任何我想飞的方向飞。只有虚无围绕着我们。

斯克里亚宾并没有通过推理来否定真理，而是与生俱来地反对任何像真理一样稳定和持久的东西，而这种东西为绝对自由设置了不可逾越的障碍。

＊　＊　＊

在斯克里亚宾的意识里，是如此统一，如此简单，但又如此难以分析的一个特征占主导地位——他的人生乐事。他写道："我是如此快乐，以至于无数的宇宙都可以淹没在其中而不会惊扰它的表面。"他惊呼："如果我只向世界传递我的一丝喜悦，它的欢欣将永远不会停止。"

斯克里亚宾身边所有的人都在他身上感受到了一种令人心悸、令人沉醉的喜悦。无论他心烦意乱，无论他是不安、愤慨，还是遭受身体或精神上的痛苦，他的灵魂深处都充满了喜悦。他的一生都在这个照亮他精神生活的内在太阳的光芒中度过。他不知晓哪个有智慧的人通过自己的意志将自己置于生活的动荡之上的安宁祥和，也不知晓某个专注于沉思崇拜对象的神秘主义者的幸福平静。斯克里亚宾感受到的是涟漪和水流，心悸和颤抖，宇宙创造力的波涛汹涌的喜悦，他沉浸其中并与之融合。这种感觉时而有力地占据了他，推倒了路上的一切障碍，淹没了他的意识，让他仿佛沉醉了一般，但在这时，他的身上总有一种轻盈展翅的特质。在那里他可以沉迷于小学生的恶作剧之中。有一次当他处于类似状态时我惊到了他，那一刻我也感到震惊，因为我不敢相信一个成年人会表现得像个孩子。我甚至怀疑他是故意装腔作势。但后来我发现，正是在这样的时刻，他才真正诚实而自然。据说斯克里亚宾是一个精灵而不是泰坦。如果精灵这个词意味着快乐的翅膀和轻柔的舞步，那么这个描述是有道理的。但是，如果精灵和泰坦之间的对比指的是他音乐的微缩品质，它的温柔和微妙，那么这种描述是完全错误的。因为他展翅的精神是强大的、广阔的、深沉的。泰坦主义与斯克里亚宾的本性格格不入，因为它暗示着斗争和反叛，通过羞辱他人来自我膨胀——这些特质对他来说是令人反感的。他没有在作品中培养悲剧色彩，而泰坦主义本质上是悲剧性的。斯克里亚宾在他自己的生活中也有他的悲剧，痛楚和苦难，绝望和沮丧，但他没有意识到全人类的悲剧。在生命的一体性中，他总是感到完全自由和独立。他知道世界上存在不和谐——他承认它的存在，甚至假设它的必要性——但他的建构纯粹是理论上的。这就是为什么他如此渴望综合地调和矛盾，这样就可以不费力气在相对较短的时间内取得效果。

这种和解对他来说不是任性，而是内心的必然。在艺术家的生活中，通常情况正好相反，他们努力摆脱生活的矛盾，通过建造人为的天堂、调和持久的矛盾、掩盖生活的不和谐来达到心理上的和谐。斯克里亚宾住在他自己设计的天堂里。他达到了精神上的和谐，不得不付出特别的努力，才能走向外面的世界，意识到矛盾的存在，形成人生悲剧的观念。这种对外的冒险破坏了他内在自我的重要平衡。这通常是一场精心策划的游戏，在他最后的创造《狂喜之诗》和《普罗米修斯》中以一种特别引人注目的力量展现了这种精神。

当斯克里亚宾与超越他之上的上帝分离时，他经历了泰坦主义及与之伴随的神学。只有这样，他才能开始感知自己内心的光明。像许多其他神秘主义者一样，他前去寻找一体性，而这却使他望而却步。他遭受的痛苦迫使他创造出令人安慰的形象，但事实证明它们是死胎和错误的。在他创作生涯的后期，当他更清楚地看到前方的光时，挣扎和苦难的画面挥之不去。当然，在斯克里亚宾的艺术生涯中划清界限是不可能的。但是，想想在1902年秋天，在我与斯克里亚宾建立友谊之初，他就已经被生命中充满活力的喜悦之光所照亮，这光芒在他的整个生命中迸发出来。回顾他未实现的歌剧的第一批草稿是在 1900—1901 年，我们可以用《第二交响曲》恰当地标记这段反叛时期的结束。这首曲子创作于1902 年，标志着狂喜时期的开始，一直持续到他生命的尽头。

精神的狂喜——这句话最能描述斯克里亚宾奇特的心境。可以说，他把自己置于自己的存在之外。他打破了时间和空间的束缚，直接看到了宇宙的永恒运动，它的舞姿曼妙。

* * *

斯克里亚宾的神秘体验最显著的特征之一是它的爱欲部分。在这方面，斯克里亚宾也背离了神秘的传统。事实上，只有被动的、接受型的神秘感才会被爱欲所充斥。这就是圣德兰、福利尼奥的圣安吉拉、盖恩夫人、苏瑟和圣依纳爵·罗耀拉（St. Ignatius Loyola）的奥秘。他们热切地崇拜在异象中向他们揭示的一切。他们对自己的形象情有独钟，但他们的爱情是女性化的。崇拜上帝和自然的神秘主义者对他们崇拜的对象表现出女性化的态度；他们乐于接受和屈服，而不是主动或征服。这种态度常常呈现出病态的形式。神秘主义的历史记载，很少有男性化爱情的例子。意志类型的神秘体验通常没有情色或性元素；这种没有肉欲的感觉也出现在苦行神秘主义者的教义中。雅各布·波墨培养了一种没有女性化内涵的学说。与神秘体验对象的意志的、积极的关系不会被虔诚的爱所触动。这里两极的知觉不是感性的；它是无性的。斯克里亚宾是这些类别的独特例外。因为他是一个神秘的情人，与上帝有着男性气质的关系。他的生命哲学是感官的，充满了性欲。

在他的个人主义时期，斯克里亚宾将自己与外部世界的关系定位为积极的男性化，作为与世界被动性关系的对立面，正如斯克里亚宾在《狂喜之诗》中所表达的那样，世界处于"等待"和"痛苦"的状态。"我想像对待女人一样对待世界。"斯克里亚宾说。在他通过艺术的魅力征服世界的愿景中，他以自己的英雄之口说出："我来这里不是为了说教，而是为了爱抚。"

在他成熟的后期，当斯克里亚宾推倒他与宇宙之间的墙，当世界成为他的一部分，而他被淹没其中，当宇宙成为超凡的创造之流时，他将自己定义为这股流的充满活力的元素。对他来说，它的象征成了《序幕》中"永恒的阳刚之气"，而正如斯克里亚宾在《狂喜之诗》中所描述的那样，"在创造性梦想的光芒中玩耍"的世界仍然是"永恒的阴柔之美"。"自我"和"非我"在这里被简化为一种性的极端。

斯克里亚宾喜欢他感官的自由互动，这有一种微妙而深刻的情色。他总是保持一丝不苟的礼貌和殷勤，但有时，在男人之间的友好交谈中，他会沉迷于带有玩世不恭意味的坦率评论。有时他会表现出孩子气的撒娇，但他的肉欲从不粗莽。它的特点是与他的渴望、感觉和创造冲动有相同的有翼的品质。尽管有这样的力量和强度，他的性欲不带有肉体的唯物主义，它确实注入了一种精神品质。在这个燃烧的灵魂中，似乎如此迅速地耗尽了自己，所有尘世的感官都被扭曲了，或者用神智学的术语来说，被非物质化了。

作为情欲主义者的斯克里亚宾，永远热爱生活及其欢乐，对作为物质元素化身的肉体一无所知。他对此感到一种厌恶，这种厌恶只有过去伟大的苦行者才能做到。他内心认为，在基督教教义中，以肉体复活为首的教条是难以理解的，甚至是自相矛盾的。对他来说，肉体是一种低级和粗糙的东西，必须克服并最终丢弃。这种信念随着时间的推移变得更加强烈。我记得我们1914年在他的避暑别墅中就这个主题进行过谈话。我特别被他谈到最终剥离肉体的外壳、非物质化、回归纯粹精神状态时的声量和激情所震撼。那时我明白，他在理论上对物质宇宙的拒斥和他形而上学的激进主义，是基于所有物质的易腐性及其坚固不摧的欺骗性特征。

斯克里亚宾迷恋颜色和形式。他对生活的众多呈现感到高兴，这对他来说是一个活生生的幻想的启示。他着迷于生命的诞生、绽放和枯萎的过程。这种奇怪的反物质主义也解释了斯克里亚宾为何对自然出奇地无感。确实值得注意的是，尽管他宣称自己与宇宙是一体的，自然是其中的一部分，但自然本身对他没有任何魅力。诚然，作为一名艺术家，他欣赏自然之美，对身边的各种生命形式有着深刻的理解，但他内心的神秘主义却始终无法享受自然的自主存在。山、林、河、海、陆地动物和空中鸟类对斯克里亚宾没有什么吸引力。它们只不过是色彩和形式的美丽组合，错综复杂的象征和符号，而他要预言其神秘的含义。对他来说，外部世界的物体只是心理状态在时空中的符号。有一次我们一起在瑞士散步，斯克里亚宾突然宣称，对他来说，阿尔卑斯山在他自己的心目中只象征着某些山区，标志着能量的增加、行动的急剧加强以及随后的消散。这些表达不仅仅是隐喻；它们反映了他内心深处的心理状态。他在他的一本笔记中写道：

哦，你，我的愤怒之石！哦，你，我爱抚的

温柔线条！哦，你，我梦中温柔的花朵，你，星星，我眼中的闪电，你，我喜悦的太阳，你，我在太空中转瞬即逝的感觉的诠释者！我这样说，是沉浸在时间中，与空间相隔。

斯克里亚宾的反自然神秘主义可以被描述为以人类为中心，因为他在宇宙中看到了人，而且除了人之外什么都没有。所有物质对象，所有事件对他来说都是人的功能和创造，而他是从人的角度看待宇宙的整个历史。但在他的宇宙观中，这个人不是一个有血有肉的人，而是一个精神上的人，完全没有肉体的外衣。在他看来，宇宙是其意识的精神抑或心灵活动的复合体。

斯克里亚宾真的热爱人类吗？他的灵魂燃烧着人类之爱。我早些时候谈到他一直渴望与他人分享他灵魂中溢出的快乐。毫无疑问，这种愿望是创造性工作的主要动机之一。他将其他人引入他的光明世界，让他们分享它的祝福。他写道："哦，我的世界，让你自己充满我的自由和快乐吧！"

当斯克里亚宾与他人分享他的经历时，他的整个人似乎都为之欣喜若狂。对他来说，隐士的自足或自我主义者的孤独幸福与他不相匹配。然而必须承认，斯克里亚宾并没有将他的精神馈赠施予个人。他的兴趣不是针对某个特定的人，而是针对理想化的、大写的"人"。某个叫伊万或彼得的人对他来说只是普遍意识的原材料。他不是针对特定人的灵魂，而是针对所有以独特现象显现的"人"的"精神"，所有的"伊万"和"彼得"都只是个体现象。

斯克里亚宾的狂喜、厌恶、挣扎或悲剧，他的绝对灵性，他的超凡脱俗，往往似乎是冷漠和孤僻的标志。斯克里亚宾的神秘世界，对常人的见识而言过于欢乐而光明，似乎缺乏人性温暖；普通人被斯克里亚宾的太阳耀眼的光芒所迷惑，所以无法进入他的世界。

＊　＊　＊

意志的神秘性与某种形式的魔法有关。一个灵魂纯洁的人厌恶魔法，将其视为恶魔般的诱惑和罪恶。为了接近上帝并将自己浸没在神圣的精髓中，人必须否认自己，牺牲自己的自由意志，用尼萨的圣格列高利（St. Gregory of Nyssa）那句骇人听闻的话来说，"把自己啃得筋疲力尽"。在通往神性的道路上任何个人意志的表达都是追求幸福的障碍。但是专横的意志力支配着积极努力实现神性的意志类型的神秘主义者。一个神秘主义者为了让神圣本质渗透而做出的意志努力是对神灵的胁迫行为。有一种魔性咒语的仪式，否认奇迹，但赋予魔法师超越无限的力量，在神秘的实践中蓬勃发展。在《逻各斯》（1912—1913）上发表的一篇关于神秘教义的文章中，乔治·梅里爱（Georges Méliès）对比了宗教魔法师（Magus）和沉思型神秘主义者："宗教魔法师努力束缚上帝，神秘主义者想要被上帝束缚；前者想要强迫上帝，后者想被神胁迫；前者想成为神，后者想来到神面前；前者努力成为上帝，后者想居于上帝之中。"

这样的意象是典型的宗教写作，但它的语句是不够恰当的。所有的神秘主义者在一定程度上要么是魔法师，要么是沉思者，但再次引用梅里爱的话，"这些矛盾经常在一个人身上得到调和"。

斯克里亚宾无疑是一位魔法师，但他的魔力意识在逐渐战胜个人主义的过程中发生了相当大的变化。他在1900—1902年之间的神秘性揭示了魔力意识的特征，但不包括宗教的至福状态，因为斯克里亚宾认为他所取得的成就不是通过神圣的光照，也不是神的仁慈安排，而是通过他自己的意志努力。几年后，他进一步感受到了自己人生的命运和劫数，意识到了他得到的神圣恩典。他滔滔不绝地谈论他的使命，谈论他无法放弃的崇高而艰巨的任务。与此同时，他更深入地，也更密切地联系全球共同体来认同自己；他不再为自己的目的而努力占有世界，他也不再渴望征服上帝，上帝从未在他自己的意识之外存在过。因此，两种形式的魔力——以自然为对象的自然主义魔力和向往上帝的宗教魔力——在斯克里亚宾的世界观中完全改变了形象。斯克里亚宾属于男性化的、活跃的神秘主义的范畴，他的魔力标签变成了一种神术，不是朝外指向外部对象，而是向内；斯克里亚宾化身的魔法师（Theurgist）将他的活动集中在他的内在自我上，这种独特的、神圣的存在状态，当被意识刺穿时，会变形并返回到一体的状态。这种魔力之举必然会失去它的强制属性，因为它的施法对象是魔法师本人，它的目的是唤醒他体内潜伏的元素，促发新生。这种魔力被简化为爱抚，并开始呈现出情色的特征。

斯克里亚宾创造性的神秘魔力与他对生活的黑暗面的强烈好奇心密切相关，他声称在他周围感知到了这黑暗面及其现实，不仅在心理上，也在形而上学方面。他热衷于唤起黑暗的幻象，让自己陷入一场危险的游戏；他渴望揭露"所有重要的端倪"，正如他在为《狂喜之诗》写的文字中所说的那样，无论它们是多么可怕或令人厌恶。

斯克里亚宾从这个阴暗的地带获得了他作品的灵感。不可否认的是，他复杂而广阔的才智至少在他存在的某些部分寻求与撒旦主义的接触。这种恶魔般的元素，无论我们是带着隐喻还是神秘地看待它，有时都会引诱他。他喜欢凝视它，寻找被卷入其中的危险。在这方面，斯克里亚宾与瓦格纳、李斯特、拜伦、波德莱尔，也许还有达·芬奇有着密切的关系。因此，完全针对人来考量，他与贝多芬和莫扎特有着深刻的分歧，他们作为人和艺术家，完全摆脱了任何形式的恶魔主义。

这些阴沉的、破坏性的力量永远无法完全控制斯克里亚宾。他攻克了他们，征服了他们，就像瓦格纳、李斯特、拜伦和波德莱尔在他之前所做的那样，因为他们都是美丽王国的创造者、天才艺术家。斯克里亚宾通往自由之路上的台阶，他胜利的里程碑，是《撒旦之诗》和《第九钢琴奏鸣曲》。歌德心中有梅菲斯特，但一旦创造了梅菲斯特，歌德就摆脱了他，完成了对恶魔的征服。同样地，斯克里亚宾通过将它们带入光明，使它们服从比例的法则，并引导它们进入美丽的领域，从而证明了他对恶魔元素的独立性。因此，我不能如列昂尼德·萨巴涅耶夫所言，将这种恶魔元素置于精神生活中的重要位置。"在恶魔主义中，"萨巴涅耶夫写道，"我在斯克里亚宾的生活和他的精神悲剧中找到了许多谜题的答案……毫无疑问，斯克里亚宾意识的所有精神的和创造性的相貌都受到撒旦主义的制约……考虑到整个斯克里亚宾的精神元素的集合，正如他的哲学和艺术所反映的那样，我们为能看到撒旦的面貌感到震惊，它是斯克里亚宾本性的所有组成部分的融合。"我们看到萨巴涅耶夫绝对是从艺术撒旦的角度看待斯克里亚宾的。

在我看来，将斯克里亚宾描述为一个艺术家—撒旦主义者，就像"木质的铁"这个词一样荒谬。对斯克里亚宾的性格很容易产生错误的判断，但有一点是毋庸置疑的：斯克里亚宾是一位伟大的艺术家，是天才的创造者，而恶魔是完全贫瘠的，缺乏创造力的。它可以欺骗和模仿；面具和鬼脸是撒旦主义的表达方式，因为它带有阳痿的烙印。心理学家（或者更确切地说是精神病理学家，因为各种形式的恶魔主义和撒旦主义都是不正常的现象）和宗教神秘主义的专家都承认这一点，他们认为恶魔主义是黑暗力量对灵魂的占有。

萨巴涅耶夫的判断和那些喜欢阐述病态天才、不道德的艺术、腐败的美等主题的人的类似判断，似乎是由于误解了艺术创作努力的真正含义。根据萨巴涅耶夫等人的说法，斯克里亚宾的《第九钢琴奏鸣曲》《撒旦之诗》《古怪》（作品第 63 号之 2）以及其他类似性质的作品，都暴露了撒旦主义从黑暗世界中出现并侵入了艺术家。恰恰相反，这些作品证明了斯克里亚宾精神的艺术力量、根本的纯洁和清晰，所有现象都通过这种精神得到了灵魂性的改变和神圣化。如果斯克里亚宾没有写出他的《第九钢琴奏鸣曲》或《撒旦之诗》，那些熟悉他的人，仔细地听其言、观其行，可能会想象出斯克里亚宾会招致未知的危险，黑暗的破坏性力量将会压倒他，因为他的野心和计划太大胆，太自以为是，他对胜利的信念太强，对现实的无知太深。他的道德立场，将力量和生命强度放在首位，可能也引起人们担忧。

将斯克里亚宾称为魔法师，不能忽视他对神秘科学的迷恋。所谓的精确的学科，如物理和化学，并没有引起他的兴趣，尽管放射学领域的新发现让他着迷。当他开始阅读布拉瓦茨基夫人和利德贝特关于神智学和其他神秘科学的书籍时，神秘主义的神秘物理学让他着迷。但斯克里亚宾在这里再次展露了他的典型特征，我称之为实用主义。超自然现象及其影响让他感兴趣的不是课题，而是它们能够赋予他超越外部现象的力量。他在它们身上看到了一种影响力的载体，一种无与伦比的力量的武器。他寻求知识作为力量的通途，但他的科学训练不足，缺乏知识规章和批判性方法，这阻碍了他的进步。当他的直觉失效时，他很容易屈服于过去的影响，无论是布拉瓦茨基夫人、利德贝特还是安妮·贝桑特。斯克里亚宾总是以自己的自由和独立为荣，他完全愿意毫无疑问地追随这些神智学导师。他信任他们，承认他们的权威，并相信他们最奇妙的主张。我强调只有当他的直觉是失效的时候才会出现这种情况，不幸的是，这在他进入神秘的隐匿世界时发生了。

* * *

斯克里亚宾的神秘认知的方法是什么？我所说的这种方法不是指一个神秘主义者有意识或无意识地使用的条文和规则体系，相信他可以因此感知某些真理。更确切地说，我的意思是斯克里亚宾沿着通往超绝者的道路，即使他不自知其方向。

神秘的认知是直觉的；它意味着自发的感知。我不是在谈这种直觉认知的价值问题，而只是陈述存在的事实。在这里，我们可以选择两条道路。有些神秘主义者会无意识地选择一条而排斥另一条；但也有熟悉这两条道路的人，他们有时能成功地把两条道路结合起来。第一条路径可以定义为主观的、心理的或微观的，第二条路径可以定义为客观的、自然的和宏观的。

一些神秘主义者通过内省获得认知。他们专注于自己，通过自己的心理来判断一切。他们的"我"是引导他们认识上帝和世界的道路。这条道路是生活的真实镜子，他们专注地研究其反射面，充满爱意地寻找并在其中发现独特性的反射。这就是埃克哈特大师、苏瑟以及几乎所有的教会神秘主义者，包括希腊东正教和天主教徒的神秘意识。印度教神秘主义者也走上了同样的道路。然而，其他神秘主义者似乎已经将目光从自己身上移开，将注意力转向了外面的世界。他们知道如何观察自然，他们理解、喜爱并深入了解它。他们的道路在大自然中，并通过它获取了独特的视野。在这些自然神秘主义者中，有雅各布·波墨、圣马丁（St. Martin）和圣伊夫·达尔维德（St. Yves d'Alveydre）；他们是隐匿的幻想家，对他们来说，自然是现实，而不仅仅是幻影或象征。

第一条路径导向在个体的"我"的本质中的抽象；第二条通往超绝者，"我"与自然在其中融合。当然，神秘主义者自觉或不自觉地采用的方法，在一定程度上决定了他们个人的神秘经验和整个神秘主义学说的性质。在客观、自然主义类型的神秘主义者中，神秘主义得到最大的发展、最高度的组织和最详尽的系统化。隐秘的科学，起于宇宙起源论，止于物理学和动物学的深奥理论，在沉思的神秘主义者中蓬勃进展。但斯克里亚宾属于另一个类型。他根据自己的形象创造了自然的形象。他直觉的主题始终是他自己，及他所发觉的上帝的个性。因此，他对世界的认知是根据一个活生生的、创造性的个性而形成的。他只认知自己，只通过自己观察世界；这使他产生了一种泛心论，即反实体主义和现实主义相结合的哲学。不断地向着某个不明确的目标努力，追求一个不明确的目标，他不可避免地越陷越深，发现新的财富，感受着自己取之不尽的本性，自己的无限次元。他只认得一个标尺——人，这就是缩影。他自己不过是一个缩影，一个微缩的宇宙，一个宇宙的投射；但他也将自己视为一个宏观世界。小世界和大世界在他身上是一模一样的，他把这个独特的宇宙包含在自己的身上。

斯克里亚宾在创作《序幕》文本的过程中，将他的神学、宇宙观和人类起源论翻译成诗意的意象，但实际上他只是依靠自我认知和内省探索，他的直觉是广阔而深刻的，然而其对象却始终是他所固有的；他似乎无法从自己的内心世界中走出来，尽管他将自己的意识扩大和加深到了无穷无尽的地步。无论他接触什么，研究什么，都会立即被心理化，获得一种精神存在状态的特征。他无法把握一种被逻辑支配的状态，也无法掌握任何没有人性的现实。因此，他典型的宗教拟人化，使他以人的眼光看待上帝，以神性的眼光看待人。

不用说，斯克里亚宾不是一个专注于内省和自我分析的普通心理学家。他经历过预见和狂喜的时刻，但这些精神状态似乎发生在他自己的心灵中，对他来说，心灵也是一个寰宇星球。与手稿最近才被曝光的著名俄罗斯神秘主义者安娜·施密特（Anna Schmidt）相比，这很能说明问题。安娜·施密特通过对宏观世界的沉思了解神秘体验。她的洞察力不是针对自己，而是针对广阔的世界，当她沉浸在自己之中时，她只是其中的一个粒子。这种自我沉浸导致了一种让自己脱壳的渴望。她的愿景和启示的对象是宏观世界，她直觉地思考着宏观世界，没有以个人微观世界为媒介。

安娜·施密特相信神秘体验的真实性，她对其进行了详尽的分析，并受到神性和精神世界的本体论教义的启发。与这种观点相反，斯克里亚宾完全从心理学的角度来对待神性；这种态度混同着他对唯物主义和实在论的排斥，带着他无法摆脱的形而上学虚无主义的圣痕预兆。

属于主观范畴的神秘主义者的神秘主义，通常发展不完善，没有系统的分类。斯克里亚宾通过他对形式完美的感知、他的智性敏锐、实用主义以及永不满足的对哲学活动的投入，避免了这种梦幻般的缥缈和朦胧的不精确性，而这在主观神秘主义者中却很常见。因此，基于他对听起来很科学的公式推导的偏爱以及他对神秘学的迷恋，他希望从中找到支持他的理论的依据。斯克里亚宾神秘主义的主观品质反映在他的音乐作品的惊人特质中。他的音乐具有深刻的主观、感性和个人情绪，同时也成功地超越了个人，呈现出严格客观的内涵。

* * *

对末日的期望，对世界濒临终结的狂热信仰，是许多神秘主义者的特征，但很少有人能与斯克里亚宾如末世守夜人般的强度和通透相提并论，尤其是在他生命的最后几年。他如此强烈地坚信世界末日即将来临，宇宙的历史接近尾声，他论述的方式如此实事求是，如此冷静，以至于与他争论这个令人感到有些不舒服。听到这个 20 世纪的男人，穿着普通的衣服，举止正常，毫不在意地谈论通常被视为宗教抽象的话题，真是令人毛骨悚然。那些不太了解他的人可能会认为他出于某种深不可测的原因扮演了一个角色，他是在掩饰或是沉迷于带有一些奇怪、神秘含义的诗意修辞。然而比起大肆宣扬迫在眉睫、不可避免的世界灾难以及随之而来的人的变形，没什么能让斯克里亚宾更真诚、更直接、更忠实于自己了。

这样的世界末日宣言，在我们这个时代相当令人费解；可能在 10 世纪或早期基督徒中很普遍。然而，斯克里亚宾的心态与这些千禧年的神秘主义者之间存在着深刻的差异。早期的基督教和 10 世纪的欧洲天主教期待着世界末日和救世主的第二次降临，把这看作不可避免的事件，而斯克里亚宾认为他的命运是承担实现这一目标的可怕负担。如果他失败了，就必须由其他人来接手，在这一条件下，世界将得到缓和。他设想自己是世界戏剧最后一幕的积极参与者；他坚信，他对最终实现的渴望会促成这一事件。与 10 世纪的神秘主义者不同，斯克里亚宾是一个积极的参与者。他不仅是神圣行动的对象或被动的庆祝者，而且是事业的一位代理人。他对那个叙述有任何疑虑或怀疑吗？他坚信宇宙狂喜的日子一定会到来，他同样坚信自己的重要角色。但他也有对自己的能力产生怀疑的时候。他从不直接承认这样的怀疑，但犹豫和恐惧一直存在，在他生命的最后，当他意识到自己进展之迟缓和岁月之匆匆时，这种怀疑和恐惧变得更加强烈。比方说，当他寻求他人的道义支持时，人们可以间接地发现这种怀疑。我记得斯克里亚宾曾问过我几次：

> 这个奥秘向我显现的事实，难道不是确凿地证明，我，而非他人，才有能力实现这一成就吗？很难想象另一个人能够遵循我的设计，理解我的中心目标！我是第一个看到终极愿景的人，我必须是第一个揭示它的人！

《序幕》的想法一定源于这些怀疑和恐惧。斯克里亚宾热切地抓住了它，全身心地投入到他的工作中，因为他隐藏着一种私底下的恐惧，即他不会有足够的时间和力量来实现《天启秘境》的创造。因此，他决定至少勾勒出它的大致轮廓，这是宏伟设计的微小反映。斯克里亚宾的一位密友非常中肯地观察到，在他的内心深处，着手创作《序幕》就意味着要放弃《天启秘境》的计划。

* * *

斯克里亚宾绝对相信人的自由意志的无限力量。他坚信人对自己、身体和灵魂的某些元素拥有完全的权力。他努力实现对自己的这种权力，并在这一努力中取得了显著成果。他的力量最显著的表现是他战胜了右手看似难以治疗的疾病，他在 20 岁时遭遇了这种病痛。之前的章节里引用的他的笔记中，可以看出这种疾病对斯克里亚宾的影响有多深，以及医生的判决使他感到多么绝望。他继续接受治疗，但通过训练一种自我暗示，他收益更多，因为他的病主要是神经性的。治愈的原因是，他相信克服自己的病情并重启工作对他来说至关重要。他的机体——脆弱而微妙，但他通过心理手段发展出巨大的抵抗力。他从未尝试过体能训练，而且他总是容易受到想象中的疾病的影响。尽管心理紧张威胁到他的身体健康，但他的健康逐渐好转。在 19 世纪 90 年代，斯克里亚宾患有急性神经衰弱症。甚至他的钢琴演奏和音乐似乎都带有病态的神经质。"一个病态的天才"——这个滥调陈词准确地描述了当时的斯克里亚宾。当我第一次见到他时，我的脑海里闪过一个念头，斯克里亚宾注定不会长寿，他的身体太虚弱，无法承受内心力量的强度。但他成功地克服了这种不平衡；他不是通过物理治疗，而是通过对自己的体质的不懈做工，通过对精神力量的探求式的集中来重建自己的身体。直到生命的最后，他仍然极度紧张，过度易怒，容易被刺激。但他设法做到了保持某种内在的和谐稳定，即使在精神上极度兴奋时，此时他似乎超越了其肉体存在，几乎就是字面上的意思，将自己置于身外。但在这样的时刻，他的创造能力表现出了极大的才智，他的灵魂深处被照亮了，他的精神坚定而稳健，如铁板一块。

如果疯狂是混乱的，那么优越的组织与和谐就是疯狂的另一极。斯克里亚宾经常接近灾难，到达阳光照射的狂喜与外部黑暗和绝望之间的边界。但是，尽管这种神秘的精神能量涌入他的意识领域，斯克里亚宾仍然能够凭借纯粹的意志力控制自己并保持精神的统一。狂喜的状态，在他的《第七钢琴奏鸣曲》和《普罗米修斯》等作品中体现在乐声中，将超个人的超然、非凡的组织力量和精神的完整性结合在一起。狂喜通过无限扩张超越了个人的正常界限；与此同时，这些作品中包含的相互冲突的元素向它们的中间移动，围绕着它组织起来，服从创作者的意志。问题出现了：是斯克里亚宾自己的意志在指挥吗？必须强调的是，对于斯克里亚宾来说，狂喜的状态不是混乱、无序、困窘和无组织的；相反，它是一种和谐形式的完美结构，与之相比，所谓正常意识的不稳定系统则显得混乱。斯克里亚宾笔记中的以下文字说明了这一点：

狂喜是行为的最高境界；狂喜是一个巅峰……

在理智上，狂喜是最高的综合；在情感上，这是
最大的幸福。

实证的意识在狂喜的瞬间消失；斯克里亚宾所经历的一
切，从未与名叫亚历山大·尼古拉耶维奇·斯克里亚宾的人
产生联系。他的自我意识完全消失，让位于一个新的超人一
体性。反思这一点，斯克里亚宾倾向于用他的两个"我"的
理论来解释它——小的经验性的"我"代表人类对一个特定
的全意识单位的意识，大的"我"代表这个全意识单位的神
圣意识。在狂喜的状态下，小"我"通过大"我"获得认同，
这是斯克里亚宾对他与神性至高权力关系的象征性诠释。

斯克里亚宾的本性是非常有意志力的，但他的意愿具有
超人的特征，特别是在他生命的最后几年，因此它的能量不
是来自斯克里亚宾，而可以说是通过他而来。正是在这个意
义上，人们可以将斯克里亚宾描述为着魔了。他的个性逐渐
巩固、扩展和增强的过程，他的密友长久以来目睹的组织起
他整个身体和精神力量的过程，暗示着他通过某种更高的存
在状态逐渐渗透灵魂。我用这个描述来强调，斯克里亚宾绝
非"着迷"，即非被征服，正如他的音乐所充分证明的那样，
斯克里亚宾经历了他所有才能的全盛时期。斯克里亚宾的狂
喜是他灵感的源泉，他的作品以一种形式完美的设计脱颖而
出。因此，斯克里亚宾的神秘性在艺术上是富有成果的，可
以说，"通过其果实，你会认识它们"。这一判断也不例外。
因此，将斯克里亚宾的创造性狂喜状态与某些俄罗斯宗教教
派（例如鞭笞者）的狂喜谵妄进行比较是不正确的，正如圣
德兰的幻象与一个歇斯底里的女人是不同的。这些现象的规
则完全不同，这里的区别不是程度，而是本质。

在这层关系上，我想提一个看似微不足道但实际上非常重要的事实。早年，在最后五首钢琴奏鸣曲和《普罗米修斯》作曲之前，斯克里亚宾有时声称沉醉状态可能对创作活动有益，人们在葡萄酒中获得了暂时的自由。斯克里亚宾喜欢在志趣相投的人陪伴下喝酒，尤其是一想到他身体虚弱，他对醉酒表现出非凡的耐性。不管他喝多少，我从没见过他喝醉；最多，喝酒使他更加健谈。但后来他彻底改变了对酒精的态度。他开始在其中看到一种精神颓废的症状。对人工兴奋剂的需求成为他自卑、不成熟和缺乏神秘洞察力的标志。虽然他偶尔会喝酒，尤其是在音乐会之后，但他从不酗酒。"我对酒没有需求。"他常说。

* * *

神灵的概念，斯克里亚宾年轻时曾如此痛苦地与之搏斗，并认为自己已将其驱除，显然再次附身了。许多积极型的基督教神秘主义者都在这个意义上被支配了。其中包括圣德兰和她的导师，十字若望（John of the Cross）。德兰将神秘的支配描述为"精神婚姻"。德拉克洛瓦在他杰出的论文《神秘主义的历史和心理学研究》中对这种精神婚姻进行了以下描述，并赋予它相当强烈的修辞色彩：

在被附身的状态下，我们见证了灵魂和生命本身的彻底转变，充满了持续、永久和有意识的神性元素。灵魂不仅在短暂的直觉中，也通过人的整个生命分享了圣灵；因此，直觉呈现出栩栩如生的形式。灵魂在上帝的光照下，在其行为中体验其神性；个人觉得所有的精神状态都诞生于神灵，他的整个生命和思维方式都来自一个神圣的源头……个人因此与圣迹一致……因此，有一种意识上的更高的控制，在人的一生中进行历练，个人意识向神圣的引导的转化过程创造了一种自动和自由感觉的结合。在这里，灵魂处于一种持续被神性占有的状态，一种类似于恶魔病的虔诚。神灵是被人的内在灵魂所感知，成为肉身的肉身及意识的意识，成为意愿的组成部分。它是一种在行为里找到其自然表现的操作……真正的精神生活需要利用一种神圣力量，它透过身体并征服外部世界和人类灵魂……沉思和行动存在于灵魂，它既是神圣的又是人类的。只有在这种虔诚状态下，一个人的生命才具有神圣行为的意义，因此生命活动实际上表露了神圣的元素，并通过无限的、创造性的行为来耗尽它。

* * *

附身现象的真实性无法反驳，但可以根据评论者所采取的科学或宗教立场，以多种方式解释。像德拉克洛瓦所做的那样，利用潜意识精神能量理论（一个实际上什么都解释不了的理论）排他性地以心理学术语来解释它。附身也可以用神秘主义来解释，例如圣德兰，她是一个笃信的天主教徒，或者斯克里亚宾本人，他对他在地球上的使命和他的牺牲角色的信仰源于他自己的神秘经历。

这种传教意识，一种宿命感和对独特成就的期望，逐渐取代了斯克里亚宾对自由选择目标的看法，他原来本着玩乐的精神朝着这个目标前进，并且可以随时放弃，顺从一时的心血来潮。我们在斯克里亚宾身上见证了个人意识被一种委任的行动意识所吸收。斯克里亚宾总是说，宇宙狂喜的景象让他着迷于它的壮丽而奇妙的挑战。但在他生命的最后几年，他放弃了个人因素，专注于目标本身；他觉得他的经验"我"从属于更高的命令，他作为个人的角色是尽最大努力带来狂喜式的终结。

随着这种认识的加深，斯克里亚宾创作活动中的个人因素逐渐消退。他早期的梦想是实现个人对人类的权力；他渴望荣耀和名声，他希望通过自己的成就来提升自己。但后来他变得不那么专注于个人，并将他的忠诚转移到工作本身上。在他临终前不久，当我打趣地对他说，他显然很享受他被包围其中的钦佩和奉承的气氛，而且这满足了他的虚荣心，他以一种出乎意料的认真甚至严肃的态度回答我："我向你发誓，如果有人比我更伟大，能够在地球上创造比我更了不起的快乐，我会立即退出并将我的任务交给他。但是，当然，那时我也不再活下去。"这不仅仅是他的言辞。他是认真的。

斯克里亚宾始终相信他的力量是伟大的。早年，他对自己的优越能力感到无比自豪和喜悦。然而，后来他改变了态度，说他的使命是由更高的存在所赋予的。而当他在生命的尽头尝到了荣耀、胜利和普遍的认可，他的自负、虚荣和骄傲逐渐消失了。斯克里亚宾的"我"成了通往神性之路。

斯克里亚宾认识到他自己的"我"是神性交流的媒介，他意识到了人的双重本质：束缚与被束缚，裁决与被裁决，划界与被划界，牺牲和被牺牲。斯克里亚宾认为，经验的个体是一种牺牲品。但谁贡献它呢？答案是个体意识，只要它并没有脱离一个定规的、决定性的实体，它就在"独一无二"者的怀抱中。斯克里亚宾认为自己是这样一种牺牲品，注定了他自己的意志，他认同独特的意志，渴望在狂喜之火中吞噬世界。他将个人意识设定为达到目的的手段，服从于他自己的力量，这也是上帝的力量。通过他的内在体验，从神学和自我神化中，斯克里亚宾认识到他自己的本性，以及一般的人性，将其作为神灵的自我牺牲行为。

四　斯克里亚宾音乐作品一览

作品第 1 号　圆舞曲，钢琴，f 小调（1885—1886）

作品第 2 号　三首小品，钢琴（1886）

　　1. 练习曲，升 c 小调（行板）

　　2. 前奏曲，B 大调

　　3. 玛祖卡风格即兴曲，C 大调

作品第 3 号　十首玛祖卡，钢琴（1888—1889）

　　1. b 小调（适中的速度）

　　2. 升 f 小调（不过分的小快板）

　　3. g 小调（小快板）

　　4. E 大调（中板）

　　5. 升 d 小调（悲恸地，一点自由速度）

　　6. 升 c 小调（谐谑地）

　　7. e 小调（热情洋溢地）

　　8. 降 b 小调（活跃地）

　　9. 升 g 小调

　　10. 降 e 小调（轻声地）

作品第 4 号　"热情的快板"，钢琴，降 e 小调（1888—1892）

作品第 5 号　两首夜曲，钢琴（1890）

　　1. 升 f 小调（行板）

　　2. A 大调（快板）

作品第 6 号　第一奏鸣曲，钢琴，f 小调（1893）

一、火热的快板，f 小调

二、c 小调

三、急板，f 小调

四、葬礼，f 小调

作品第 7 号　两首玛祖卡风格即兴曲（1891）

1. 升 g 小调

2. 升 F 大调

作品第 8 号　十二首练习曲，钢琴（1894）

1. C 大调（活泼地）

2. 升 f 小调（随想曲风格，有力地）

3. b 小调（暴风雨般地）

4. B 大调（温和地）

5. E 大调（4/4，充满活力地）

6. A 大调（3/4，优雅地）

7. 降 b 小调（4/4，12/8，阴沉而激动的急板）

8. 降 A 大调（3/4，慢板，自由速度）

9. 升 c 小调（3/4，叙事风格）

10. 降 D 大调（3/8，快板）

11. 降 b 小调（3/4，如歌的行板）

12. 升 d 小调（4/4，悲怆地）

作品第 9 号　前奏曲与夜曲，钢琴，仅用左手（1894）

1. 前奏曲，升 c 小调（3/4，行板）

2. 夜曲，降 D 大调（6/8，行板）

作品第 10 号　两首即兴曲，钢琴（1894）

1. 升 f 小调（3/4）

2. A 大调（3/4）

作品第 11 号　二十四首前奏曲，钢琴

　　1. C 大调（2/2，活泼地），1895

　　2. a 小调（3/4，小快板），1895

　　3. C 大调（3/4，有生机地），1895

　　4. e 小调（6/4，慢板），1888

　　5. D 大调（4/2，如歌的行板），1896

　　6. b 小调（2/4，快板），1889

　　7. A 大调（6/8，甚快板），1895

　　8. 升 f 小调（3/4，激动的快板），1895

　　9. E 大调（3/4，小行板），1894

　　10. 升 c 小调（6/8，行板），1894

　　11. B 大调（6/8，甚快板），1895

　　12. 升 g 小调（9/8，行板），1895

　　13. 降 G 大调（3/4，慢板），1895

　　14. 降 e 小调（15/8，急板），1895

　　15. 降 D 大调（4/4，慢板），1895

　　16. 降 b 小调（5/8，4/8，神秘地），1895

　　17. 降 A 大调（6/4，小快板），1895

　　18. f 小调（2/4，激动的快板），1895

　　19. 降E 大调（2/4，感情丰富地），1895

　　20. c 小调（3/4，热情地），1895

　　21. 降 B 大调（3/4，行板），1895

　　22. g 小调（3/4，慢板），1896

　　23. F 大调（3/4，活泼地），1895

　　24. d 小调（6/8，5/8，急板），1895

作品第 12 号　两首即兴曲，钢琴（1895）

　　1. 升 F 大调（3/4，急板）

　　2. 降 b 小调（4/4，如歌的行板）

作品第 13 号　六首前奏曲，钢琴（1895）

　　1. C 大调（3/4，庄严地）

　　2. a 小调（6/8，快板）

　　3. C 大调（3/4，行板）

　　4. e 小调（2/4，快板）

　　5. D 大调（6/8，快板）

　　6. b 小调（6/8，急板）

作品第 14 号　两首即兴曲，钢琴（1895）

　　1. B 大调（3/4，小快板）

　　2. 升 f 小调（9/8，如歌的行板）

作品第 15 号　五首前奏曲，钢琴（1895）

　　1. A 大调（3/4，行板）

　　2. 升 f 小调（3/4，有生机地）

　　3. E 大调（6/8，很快的快板）

　　4. E 大调（3/4，小行板）

　　5. 升 c 小调（6/8，行板）

作品第 16 号　五首前奏曲，钢琴（1895）

　　1. B 大调（3/4，行板）

　　2. 升 g 小调（2/4，快板）

　　3. 降 G 大调（4/4，如歌的行板）

　　4. 降 e 小调（3/4，慢板）

　　5. 升 F 大调（3/8，小快板）

作品第 17 号　七首前奏曲，钢琴（1895）

　　1. d 小调（3/4，小快板）

　　2. 降 E 大调（2/4，急板）

　　3. D 大调（3/4，自由的行板）

　　4. 降 b 小调（3/2，慢板）

5. f 小调（9/8，最急板）

6. 降 B 大调（6/8，悲痛的行板）

7. g 小调（9/8，甚快板）

作品第 18 号　音乐会快板，钢琴，降 b 小调（4/4，火热的快板）（1896）

作品第 19 号　第二奏鸣曲，奏鸣幻想曲，钢琴，升 g 小调（1897）

一、行板，3/4，升 g 小调，E 大调

二、急板，3/2，升 g 小调

作品第 20 号　升 f 小调协奏曲，钢琴与管弦乐（1897）

一、快板，3/4，升 f 小调

二、行板，4/4，升 f 小调

三、中庸的快板，3/4，升 f 小调，升 F 大调

作品第 21 号　波兰舞曲，钢琴，降 b 小调（3/4，庄严的快板）（1897）

作品第 22 号　四首前奏曲，钢琴（1897）

1. 升 g 小调（3/4，行板）

2. 升 c 小调（6/8，行板）

3. B 大调（3/4，小快板）

4. b 小调（4/4，小行板）

作品第 23 号　第三奏鸣曲，钢琴，升 f 小调（1897）

一、戏剧性的，3/4，升 f 小调，升 F 大调

二、小快板，4/8，降 E 大调

三、行板，3/4，B 大调

四、火热的急板，3/4，升 f 小调

作品第 24 号　梦幻曲，管弦乐，c 小调（3/4，行板）（1898）

作品第 25 号　九首玛祖卡，钢琴，3/4（1899）

1. f 小调（快板）

2. C 大调（小快板）

3. e 小调（慢板）

4. E 大调（活泼地）

5. 升 c 小调（激动地）

6. 升 F 大调（小快板）

7. 升 f 小调（中板）

8. B 大调（小快板）

9. 降 e 小调（忧伤地）

作品第 26 号　第一交响曲，管弦乐与合唱，E 大调（1900）

一、慢板，3/4，E 大调

二、戏剧性的快板，3/4，e 小调

三、慢板，6/8，B 大调

四、活泼地，9/8，C 大调

五、快板，3/4，降 e 小调

六、行板，4/4，C 大调

作品第 27 号　两首前奏曲，钢琴（1901）

1. g 小调（9/8，悲怆地）

2. B 大调（3/4，行板）

作品第 28 号　幻想曲，钢琴，b 小调（3/4，中板）（1901）

作品第 29 号　第二交响曲，c 小调（1902）

一、行板，4/4，c 小调

二、快板，6/8，降 E 大调

三、行板，6/8，B 大调

四、暴风雨般地，12/8

五、庄严地，4/4，C 大调

作品第 30 号　第四奏鸣曲，钢琴，升 F 大调（1903）

一、行板，6/8，升 F 大调

二、如飞似的最急板，6/8，升 F 大调

作品第 31 号　四首前奏曲，钢琴（1903）

    1. C 大调（3/4，行板）

    2. 升 f 小调（2/4，古怪地）

    3. 降 e 小调（2/2，急板）

    4. C 大调（3/4，慢板）

作品第 32 号　两首音诗，钢琴（1903）

    1. 升 F 大调（9/8，如歌的行板）

    2. D 大调（4/4，快板，优美地，自信地）

作品第 33 号　四首前奏曲，钢琴（1900）

    1. E 大调（3/4）

    2. 升 F 大调（6/8，捉摸不定地）

    3. C 大调（3/4）

    4. 降 A 大调（5/4，坚定不移地，必胜地）

作品第 34 号　"悲剧之诗"，钢琴，降 B 大调（12/8，节日般地，奢华地）（1903）

作品第 35 号　三首前奏曲，钢琴（1903）

    1. 降 D 大调（3/4，快板）

    2. 降 B 大调（4/4，崇高地）

    3. C 大调（3/8，谐谑地）

作品第 36 号　"撒旦之诗"，钢琴，C 大调（6/8，快板）（1903）

作品第 37 号　四首前奏曲，钢琴（1903）

    1. 降 b 小调（9/8，伤感地）

    2. 升 f 小调（9/8，庄严地，凶猛地）

    3. B 大调（3/4，行板）

    4. g 小调（3/4，狂怒地，激烈地）

作品第 38 号　圆舞曲，钢琴，降 A 大调（3/4，流畅的快板）（1903）

作品第 39 号　四首前奏曲，钢琴（1903）

　　1. 升 F 大调（3/4，快板）

　　2. D 大调（2/4，崇高地）

　　3.C 大调（2/4，软弱无力地）

　　4. 降 A 大调（3/4，行板）

作品第 40 号　两首玛祖卡，钢琴（1903）

　　1. 降 D 大调（3/4，快板）

　　2. 升 F 大调（3/4，愉快地）

作品第 41 号　音诗，钢琴，降 D 大调（6/8）（1903）

作品第 42 号　八首练习曲，钢琴（1903）

　　1.降 D 大调（3/4，急板）

　　2.升 f 小调（2/4，MM=112）

　　3.升 F 大调（6/8，最急板）

　　4.升 F 大调（3/4，行板）

　　5.升 c 小调（12/8，忧伤地）

　　6.降 D 大调（3/4，激昂地）

　　7.f 小调（2/4，激动地）

　　8.降 E 大调（4/4，快板）

作品第 43 号　第三交响曲，"神圣之诗"，c 小调（1903—1904）

　　一、3/2，慢板，神圣地，宏大地

　　二、"斗争"，c 小调（3/4，快板，神秘地，悲剧性地）

　　三、"喜悦"，降 E 大调（3/4，慢板，崇高地）

　　四、"神圣的游戏"，C 大调（4/4，快板，充满喜悦的光芒）

作品第 44 号　两首音诗，钢琴（1904）

　　1.C 大调（2/4，慢板）

　　2.C 大调（3/8，中板）

作品第 45 号　三首小品，钢琴（1904）

　　1. 纪念册的一页，降 E 大调（3/4，温和的行板）

　　2. 幻想的诗篇，C 大调（3/4，急板）

　　3. 前奏曲，降 E 大调（3/4，行板）

作品第 46 号　谐谑曲，钢琴，C 大调（6/8，急板）（1905）

作品第 47 号　准圆舞曲，钢琴，F 大调（3/4）（1905）

作品第 48 号　四首前奏曲，钢琴（1905）

　　1. 升 F 大调（3/4，狂怒地，激烈地）

　　2. C 大调（4/2，诗意地，悦耳地）

　　3. 降 D 大调（3/4，随想曲式，焦虑地）

　　4. C 大调（3/4，喜庆地）

作品第 49 号　三首小品，钢琴（1905）

　　1. 练习曲，降 E 大调（2/4）

　　2. 前奏曲，F 大调（3/4，粗鲁地）

　　3. 梦幻曲，C 大调（2/4，细致地）

作品第 50 号　未出版

作品第 51 号　四首小品，钢琴（1906）

　　1. "脆弱"，降 E 大调（2/4，小快板，清澈地）

　　2. 前奏曲，a 小调（6/8，阴郁地）

　　3. "翼之诗"，B 大调（3/4）

　　4. "慵懒之舞"，G 大调（4/4）

作品第 52 号　三首小品，钢琴（1906）

　　1. 音诗，C 大调（3/8，慢板）

　　2. "谜语"（3/8，古怪地，随想曲式）

　　3. "懒散之诗"，B 大调（9/8，不太快）

作品第 53 号　第五奏鸣曲，钢琴（2/4，激烈的快板，古怪地）
（1907）

作品第 54 号　"狂喜之诗"，管弦乐（2/4，6/8，无力的行板，庄严地）（1905—1907）

作品第 55 号　未出版

作品第 56 号　四首小品，钢琴（1908）

 1. 前奏曲，降 E 大调（6/8，猛烈地，特别加重地）

 2. "讽刺"，C 大调（2/4，谐谑的活板）

 3. "色差"（9/8，连绵地，柔软地）

 4. 练习曲（2/8，急板）

作品第 57 号　两首小品，钢琴（1908）

 1. "欲望"（12/8）

 2. "爱抚之舞"（3/8）

作品第 58 号　"纪念册的一页"，钢琴（3/4，充满喜悦地）（1911）

作品第 59 号　两首小品，钢琴（1910）

 1. 音诗（6/8，小快板）

 2. 前奏曲（6/8，好斗野蛮地）

作品第 60 号　普罗米修斯（"火之诗"），管弦乐与钢琴、管风琴、合唱、色彩键盘（3/4，慢板，迷雾般地；2/4，头晕目眩般地）（1909—1910）

作品第 61 号　音诗-夜曲，钢琴（9/8，充满随性的优雅）（1911—1912）

作品第 62 号　第六奏鸣曲，钢琴（3/4，中板）（1911—1912）

作品第 63 号　两首音诗，钢琴（1911—1912）

 1. "面具"（6/8，小快板）

 2. "古怪"（9/8，优雅地、细腻地）

作品第 64 号　第七奏鸣曲，钢琴（4/8，快板）（1911—1912）

作品第 65 号　三首练习曲，钢琴（1912）

    1. 降 B 大调（12/16，幻想性的快板），九度练习

    2. 升 C 大调（4/4，小快板），七度练习

    3. C 大调（2/4，极活泼地），五度练习

作品第 66 号　第八奏鸣曲，钢琴（9/8，慢板）（1912—1913）

作品第 67 号　两首前奏曲，钢琴（1912）

    1. 5/8，行板

    2. 4/8，急板

作品第 68 号　第九奏鸣曲，钢琴（4/8，中板，近乎行板）（1912—1913）

作品第 69 号　两首前奏曲，钢琴（1913）

    1. 3/4，小快板

    2. 6/8，小快板

作品第 70 号　第十奏鸣曲，钢琴（9/16，中板）（1913）

作品第 71 号　两首音诗，钢琴（1914）

    1. 6/8，幻想的

    2. 3/4，如梦般的

作品第 72 号　"向着火焰"，音诗，钢琴（9/8，中庸的快板）（1914）

作品第 73 号　两首舞曲，钢琴（1914）

    1. "花环"（3/4，带有优雅的慵懒）

    2. "黑暗的火焰"（6/8，带有优雅的忧伤）

作品第 74 号　五首前奏曲，钢琴（1914）

    1. 3/4，痛苦得心碎

    2. 4/8，甚慢板，沉思地

3. 9/8，戏剧性的快板

4. 3/4，慢板，模糊地，不确定地

5. 3/2，激烈地，好斗地

未出版作品

1. 浪漫曲，圆号，F 大调（1896）

2. 前奏曲，钢琴，d 小调（1881）

3. 前奏曲，钢琴，升 F 大调（1895）

4. "急板"，一部钢琴奏鸣曲的第三乐章（其第一乐章以"热情的快板"为标题作为作品第4号出版）降 e 小调（1887—1888）

5. 未完成的叙事曲，钢琴，g 小调

6. 交响诗，d 小调（1895）

7. 夜曲，钢琴，降 A 大调（1881—1882）

8. 赋格，五声部，e 小调（1891）

9. 幻想曲，钢琴与管弦乐（1887—1888）

五　斯克里亚宾的音乐语言

　　人们可能想知道，为什么斯克里亚宾的名字应出现在一本宗教音乐百科全书中。他只为钢琴或管弦乐团创作器乐作品。他的音乐纯洁无瑕，没有诉诸语言或舞曲。只有在他的《第一交响曲》的结尾，斯克里亚宾才使用了合唱团，为音乐的荣耀唱了一首简短的赞美诗。至于《普罗米修斯》最后的人声，则要求表演者哼鸣演唱。如果我们认为包含来自《圣经》的文本、受《圣经》启发或表达宗教人物情感的才算是宗教音乐，那么我们一定会得出结论，斯克里亚宾没有写过宗教音乐。但是，如果我们扩大宗教音乐的传统概念，结论会不相同。我们必须扩大这个概念，否则将永远无法理解斯克里亚宾遗产的意义，这绝对是宗教性质的。

　　斯克里亚宾是作曲家中最简单也最复杂的例子之一。我们或许可以将他的作品与瓦格纳的作品相比，但除此之外，斯克里亚宾在音乐史上是独一无二的。他首先是一位音乐家，是声音形式的创造者。但他也是一位诗人。他给我们留下了两篇诗文：《狂喜之诗》和《序幕》。前者由作者本人于1906年在日内瓦出版，与同名的乐谱几乎同时创作。虽然音乐没有与文本对应，但它们之间有一定的相似性：同样的情绪，受到同样的精神动力所激发。

　　《序幕》的诗文于1919年在柏林的俄罗斯杂志《入口》

（*Les Propylées*）上发表。同一本杂志还包含随机的想法和草稿，隔很长一段时间，斯克里亚宾会偶尔习惯于记下这些内容。根据作者的意图，现在仅存文本的《序幕》，是一部融合所有艺术的礼拜剧，为完成《天启秘境》铺平道路。这项工作充满吸引力的理念几乎为斯克里亚宾的整个创作活动划定了界限，赋予它完美的统一性，也是走进其思想的关键。

斯克里亚宾，音乐家和诗人，也是一位哲学家（我们正半信半疑地接受这个描述）。艺术家斯克里亚宾的言说非常清晰。他从未停止反思他的行为和作品，将它们系统化、合理化。他是一位敏锐的辩论高手，但在哲学知识方面却有欠缺。他走自己的路，从不试图完全理解别人的哲学思想；后来他占有了这些思想，改造它们，以适应他自己的需要，并纳入自己的思想形态。所以他继续研究神智学，这对他的影响远没有通常声称的那么大。神智学书籍只提供了一个框架和术语，他用来与遥远过去的深奥的传统建立联系，他认为自己是当之无愧的继承人。在他生命的最后，他对神智学失去了兴趣，并想要沉浸在印度的哲学氛围中。1914 年，他甚至打算去印度旅行，然而战争爆发了。

斯克里亚宾同时在三个方面发展：音乐、诗歌和哲理。这三者的中心显然是在音乐层面上，其他的表达方式不过是对它的诗意、哲学式的誊写。斯克里亚宾的音乐传达了什么信息？就像人类的任何创造物一样，它与外界有一定联系；这里的联系，是通过个人的"神秘感"实现的。斯克里亚宾从来都不是沉思的艺术家。他本质上是一个活跃的灵魂，与世界保持着动态的关系。在他身上，仿佛有一种微观世界和宏观世界之间的渗透，但后者被他投射为他内在自我的扩展。在这里，我们发现斯克里亚宾的音乐语言的演变和他的精神演变之间的完美融合（从他的诗歌作品和他的反思中可以看出）。它们是同一过程的两个方面，它使斯克里亚宾从加剧的、骄傲的和唯我论的个人主义转变为泛神论的、泛一元论的世界观，这在某种程度上与普罗提诺的学说有关。

传统上，斯克里亚宾在音乐上的演进并非不合理地被分为三个时期。第一个时期包括早期作品编号（始于 1885 年，当时他只有 13 岁），出版于 1893 年，直到《第四钢琴奏鸣曲》（op. 30，作于 1903 年）；第二个时期包括《狂喜之诗》（op. 54，1905—1908 年）和《第五钢琴奏鸣曲》（op. 53，创作于 1907 年，出版于 1911 年）；第三个时期从《普罗米修斯》（op. 60，1910 年）开始，直到最后的作品编号，以第 74 号（1914 年）结束。首先必须提到一个重要的情况：尽管斯克里亚宾 1882 年到 1892 年是莫斯科音乐学院的学生，并且从 1898 年到 1903 年是同一所音乐学院的教授，但他没有受到他的前任和他的俄罗斯同辈任何影响，后者遵循格林卡的传统。斯克里亚宾在他的祖国没有根基。他将在俄罗斯拥有追随者，但他在那里没有先驱。他的艺术完全是在浪漫主义的西方传统中发展起来的，他是其中唯一的俄罗斯代表。

19 世纪初的俄罗斯诗歌深受英国和德国浪漫主义的影响，尤其是拜伦和席勒的浪漫主义。但是，如果音乐家曾经借鉴了浪漫主义诗人的思路，那么真正的浪漫主义精神对他们来说仍然是陌生的。瓦格纳的乐剧对俄罗斯歌剧没有影响；俄罗斯的管弦乐更多地归功于柏辽兹而不是瓦格纳。

在音乐史上，浪漫主义涵盖了大约一个世纪，但可以从更广泛的意义上理解，它指的是一种特定的创作活动常态，而不仅仅是一种历史现象。从这个角度来看，浪漫主义艺术家可以被描述为努力超越艺术界限的人，将艺术作为生活的一部分，用艺术照亮并且改变生活。瓦格纳的乐剧符合这一描述，因为他是出类拔萃的浪漫主义者，尤其是在《帕西法尔》中。对于这样一位浪漫主义者来说，艺术活动不再像对于古典音乐家那样，仅仅作为日常生活中的插曲。在这方面——但仅仅在这方面——斯克里亚宾是瓦格纳的唯一继承人。

斯克里亚宾第一时期的导师是肖邦。他经常使用这位波兰作曲家的天才划分的形式：圆舞曲、玛祖卡、波兰舞曲、夜曲、即兴曲。这是一门私密的艺术，精致、敏感，时而感性，时而梦幻，爱抚，高贵优雅。但很快，斯克里亚宾的个性开始显露出来，正如《即兴曲》（op. 10，1894 年）；作品第 11 号（1895 年）的第 14、15 和第 18 首前奏曲；作品第 15 号（1895 年）的第 1 和第 4 首前奏曲；以及《升 d 小调练习曲》（op. 8，1894 年）的狂热暴力。新的独立性在自由节奏中最为注目，这种自由多年来一直在增长。斯克里亚宾很少使用节奏的变化，但在这个基本框架上，他编织了微妙、无常的节奏型，作为他那个时代最伟大的钢琴家之一，他知道如何在演奏中完美投射出来。有一部作品在第二个时期占主导地位：《第三钢琴奏鸣曲》（op. 23，1897 年）。它的开场主题，具有强烈的确定性，甚至是侵略性，结局的主要主题已经预示了《神圣之诗》（op. 43，1903 年）。必须指出，斯克里亚宾的交响曲落后于钢琴作品。《第一交响曲》（op. 26，1900 年），分为六个乐章，没有一个乐章是充分发展的，本质上是钢琴原创作品的管弦乐移植。《第二交响曲》（op. 29，1902 年），与五年前的《第三钢琴奏鸣曲》（op. 23）相比，其学院风令人惊讶。

《第四钢琴奏鸣曲》（op. 30，1903 年），标志着斯克里亚宾发展的转折点。在这里他脱离了肖邦。他在几个乐章中放弃了奏鸣曲的形式，义无反顾。《第四钢琴奏鸣曲》不间断演奏；从引子的慢板开始，自然宁静，透明的对位和精致的装饰音逐渐丰富了它。节奏加快，直到飞似的最急板，最后以扩展的第一主题再现宣告胜利结束。《第四钢琴奏鸣曲》首次揭示了斯克里亚宾艺术的真正本质，即嬉戏和阳光。它为第一时期的作品投下了回顾之光，其语言有时充满了悲情。现在看来，斯克里亚宾忽略了，或者更确切地说是无意识地希望忽略人类的现状、苦难、悲剧。因此，可以说这音乐中有某种"不人道"吗？与大多数浪漫主义者不同，斯克里亚宾的神秘经历不属于黑夜，而是属于白天。《第四钢琴奏鸣曲》之后的作品证实了这一印象。

大约在斯克里亚宾写下他的《第四钢琴奏鸣曲》并创作《神圣之诗》的时候，他构思了歌剧的计划，但很快就放弃了。这部歌剧的主人公，一位艺术家，显然代表了斯克里亚宾本人，一个被他的自我放大的超人形象（斯克里亚宾当时正在阅读尼采的《查拉图斯特拉如是说》）。我们在斯克里亚宾的日记中发现了以下几行："我什么都不是。我只是我所创造的。所有存在都来自我的意识，是我行动的产物，而我的行动又等同于它产生的结果……世界是我的创造行为，而我的创造行为包括世界。它们是互惠的。除了嬉闹的精神无他，但这种精神是所有可能的现实中最崇高、最真实的……哦，如果我能向世界献上我的喜悦……我想用我的创造力，用它神圣的美来引诱这个世界……我想把一切都吞没在我自己之中……我想把世界当作一个女人……你不存在，你只是我自由幻想的一项运动……"主人公的最终目的是在消散和死亡中狂喜。这种狂喜只是一种个体状态；那些目睹英雄变身的人只看到一具尸体。

随着他的歌剧计划的搁置（但这个计划的想法将在以后恢复），斯克里亚宾于 1905 年完成了他的《第三交响曲》"神圣之诗"（op. 43）；它提供了进一步的证据表明，尽管斯克里亚宾是钢琴大师，但在管弦乐方面还没有驾轻就熟。在铜管中的宣告性短句之后，这是一种"斗争"之后的呼吁或反抗姿态。但是标题中所暗示的战斗是斯克里亚宾自己发起的，以便他可以克服它，并在此过程中发挥他的力量；在后一乐章"喜悦"的诱惑性插曲中人们发现了类似的投射。《神圣之诗》的真正意义在最后乐章"神圣的游戏"中得到明确传达。

根据斯克里亚宾的说法，他的《第一交响曲》是抒情的，第二部则是戏剧作品，而第三部则是史诗；但实际上，这三者都是抒情的、主观的表达。直到《普罗米修斯》的创作，斯克里亚宾才放弃主观性。

斯克里亚宾为《狂喜之诗》写的文字和乐谱本身与过渡时期有关。在音乐上，形式仍然是奏鸣曲—快板，即使某些片段的调性仍然模棱两可。但中央 C 在结尾中得到了明确的肯定，它以稍微修改的形式重述了最初的主题。读着文字，听着音乐，作品奇怪的模糊性令人震惊：这是一种充满活力的欢乐，产生了情感、印象、浮躁的欲望和爱抚的狂喜交错，还是一个以自我为中心的展示？是斯克里亚宾歌剧中的主人公在《狂喜之诗》中肯定了自己的神性并宣称"我就是"吗？这个胜利的"我"是否反映了斯克里亚宾自己？歌剧歌词和《狂喜之诗》的片段遵循了一种形而上的美学准则，即艺术对精神和物质世界的有效反映。艺术具有造物的力量——俄耳甫斯和安菲翁[1]的神话一直存在于斯克里亚宾的思想中。在他不自知的情况下，他在这里也拥护诺瓦利斯的"魔法理想主义"：现实是诗人所希望的那样。但是，《狂喜之诗》所传达的模糊印象的根源是什么？这体现在他的音乐语言（尽管有创新，但也延续着浪漫传统）与他想要唤起的东西之间的失衡。作曲家不能再满足于个人的变形，他渴望实现宇宙的狂喜，有意识地超越地球存在的所有界限。这是《天启秘境》的中心思想。

斯克里亚宾《第五钢琴奏鸣曲》（op. 53）创作于1907年，出版于1911年，也是一部过渡作品，但更果断地与过去决裂，走向未来。斯克里亚宾在这里走的是无调性之路：他放弃了调式，系统地使用了纯四度的叠加（这在《第四钢琴奏鸣曲》中已有体现）；它的总体结构预示着斯克里亚宾最后一首奏鸣曲的"辩证"结构。

随着《普罗米修斯》的创作，斯克里亚宾的音乐语言发生了深刻的变化，其真正含义只有在斯克里亚宾的精神生活背景下才能理解，并保存在他的日记。《普罗米修斯》的和声基础是基于六种音调的调式：C、升F、降B、E、A和D。这种调式代表自然泛音列的上部分的换位，当然是近似的换位。它同时是一种和弦，一种音色，一种音质。在他的最后一首奏鸣曲中，斯克里亚宾在这个和弦色彩上增加了一个七音G，它提供了十二和声部分。从最初的小节开始，在主题中，一个新的声音世界就展现在我们面前。这个主题在《普罗米修斯》的结尾再次被一首哼鸣的合唱所占据，这带来了更加

---

1 安菲翁，希腊神话人物，擅长弹奏七弦琴，琴声能感化顽石，围绕他建成了一座城池，即后来的忒拜城，也称作酒神之城。编注。

神秘的音响。毫无疑问，斯克里亚宾在这里受到钟锣之声的启发，当时他深陷其中。它们将在《序幕》中扮演主导角色，这在《第七钢琴奏鸣曲》中可以辨别出来。斯克里亚宾摒弃了强烈的意志、暴力和侵略的动机；如果还有抒情的成分，那也是去人性化了的；这里响起的圣歌不再反映个人的自我，而是反映了宏观世界。然而，戏剧的精神是永远存在的，在《普罗米修斯》中庄重庄严，在钢琴奏鸣曲中自由舞动，其中对比的元素不断地相互碰撞——其一是温柔、爱抚、情色；其二是湍急、生翼、闪光。斯克里亚宾这一时期创造性想象力的象征，是印度教雕像中的跳舞的湿婆神，后者创造并摧毁了无始无终的世界。

斯克里亚宾对他自己来说意味着什么？他是怎么看自己的？他是怎么设想自己的？他在日记中写道："缩影是一滴倒映天空的水。个体是超绝者吸收局限、痛苦和死亡的杯子。个体是超绝者印刻在物质上的印记。"最后的狂喜不再是斯克里亚宾为自己自由设定的目标，不再是他的任性。这个目标是强加给他的：这成为他的使命。斯克里亚宾现在，在他自己眼中，是超绝者，天父的先知。1908年，他在布鲁塞尔向我倾诉了自己的想法："如果我相信还有另一个人可以完成这项任务，我就会离开，我会把我的位置让给他。但那样我就活不下去了。"他确实不可能放弃自己的梦想。这个臆想肯定是错觉，但它赋予了他整个创作活动以意义，是他的太阳。在这一点上，他与马拉美没有什么不同，他梦想着写一本终结所有书籍之书。

在《普罗米修斯》和最后的第6到第10首奏鸣曲之后，斯克里亚宾说他不会再创作其他主要作品，这样他就可以专心致志于《天启秘境》，并在1913年夏天开始为此写作。

但他不得不承认他在精神上还没有做好准备。结果，他决定着手一项初步工作，他称之为"预先的一幕"。它是《天启秘境》的简化版本，是一种妥协。《序幕》的主题，就像《天启秘境》一样，是用符号和图像勾勒出来的人类历史，追溯它从超绝者开始进化，降落到物质领域，以及它的退化并重新向超绝者的方向发展。但是，尽管《天启秘境》是为了完成对天父的回归，但《序幕》只是代表它。就像礼拜弥撒一样，它可以在表演中重复。斯克里亚宾打算在这部作品中恢复所有艺术的统一性，他认为这些艺术已经遗失在过去。《序幕》不是音乐加上文字再加上舞蹈，而是以一种紧密的平行关系重新组合。斯克里亚宾已经在《普罗米修斯》中尝试过这种并行，乐谱中包含色彩键盘。但这个实验失败了。这一次，声音、光线、文字和身体动作将形成一个紧密结合的对位结构。不过，即使我们掌握了所有这些要素，我们仍无法创作出《序幕》。只有斯克里亚宾自己的觉悟，自己的调度，才能赋予它生命的火花。此外，这是本质上的——《序幕》将通过集体努力来完善——由个人规定，但由所有在场的人执行，参与者在不同程度上对整体做出贡献。

《序幕》以开头的合唱宣告："你再一次被永恒召唤，带来爱的礼物。永恒者再一次想在你身上认识到存在的多样性。"主要人物的使命是让孩子们回到他们的父亲身边，因此他是他们的代表，是那个在物质世界上、在邪恶的深渊中陷得最深的人。正是从这个深渊的最深处，他朝着光明的源头上升。正是因为他自己承担了邪恶的恐怖，承担了罪恶的沉重，他，斯克里亚宾写道："基督，圣子，是人类在他身上死去又复活的象征。"斯克里亚宾在此呼应了埃克哈特大师的著名表述："河口大于源头。"

斯克里亚宾在 1914 年至 1915 年的冬天完成了《序幕》的文本。他在完成修改之前就去世了。没有任何音乐部分留存下来，但在《五首前奏曲》（op. 74）中，可能有这部作品的遥远回响。

六　斯克里亚宾音乐的宿命

　　回顾第一次世界大战前夕斯克里亚宾在俄罗斯音乐界占据的特殊地位，我们为他的音乐命运所带来的陌生和困惑而震惊。它让我们衡量了自己品味的反复无常，审美判断的动摇，证明艺术作品的生存并不完全取决于它们的内在品质和价值，而是取决于环境的利弊。

　　尽管他的国家处于战争状态，但斯克里亚宾于1915年4月突然去世（由脓肿引起，后来阿尔班·贝尔格［Alban Berg］也是如此）甚至在艺术界之外都产生了巨大的影响。他的离世被普遍认为是俄罗斯音乐无法弥补的损失。斯克里亚宾是先锋艺术的化身，他被公认为创新和革命倾向的代表，所谓的现代主义者的领袖。如果这个名声让斯克里亚宾受到保守派和学院派音乐家的攻击（然而，他们承认了他的才华，同时也为他挥霍才华感到遗憾），这也为他赢得了越来越多的音乐爱好者的追捧，几乎是狂热的崇拜——年轻人自然而然地占据了主导地位——斯克里亚宾经过多年的奋斗成功地俘获了他们。

　　斯克里亚宾去世前几周在彼得格勒举行的最后一次独奏会受到热烈欢迎。两年前，《普罗米修斯》的首次演出已成为一场盛会，引发了激烈的辩论，这些辩论不仅限于音乐。众所周知，这部为钢琴、管弦乐团、管风琴及合唱而写的作品，包括一种特殊的乐器——色彩键盘，它有着与音色的配置和变化直接相关的彩色光的音阶。紧随其后的是一部雄心勃勃且复杂得多的作品《序幕》。它以一种完全原创的形式完成了所有艺术的综合，而瓦格纳的乐剧只是近似地做到了这一点。

与此同时，一颗新星从俄罗斯地平线升起——谢尔盖·普罗科菲耶夫。他刚刚从彼得堡音乐学院出色地毕业，成为一名钢琴家和作曲家。普罗科菲耶夫并没有刻意反对斯克里亚宾，但他们显然走上了截然不同的道路。俄罗斯公众还通过亚历山大·西洛蒂和彼得堡当代音乐协会举办的德彪西和拉威尔交响音乐会，挖掘现代法国作曲学派。虽然很成功，但这些音乐会并没有吸引大量观众。勋伯格的名字也开始为人所知，但俄罗斯音乐家对他的音乐感到困惑。斯特拉文斯基在巴黎的奋斗和胜利引起了人们极大的兴趣，但他的《春之祭》却给所有音乐家和评论家留下了令人不安的印象。

俄国革命后，新政权专注于更紧迫的事务，让艺术家——画家、音乐家和诗人——享有完全的表达自由，他们立即利用了这一特权。在那个时候，一切似乎都是可能的。一场如苏维埃那样激进的政治和经济革命，逻辑上应该会带来一场美学革命，或者可以这样推测。但随着与西方的所有联系中断，苏联艺术仍然被封锁。斯克里亚宾的音乐（在较小程度上还有普罗科菲耶夫的音乐）从这种孤立中受益最多。偶尔会有斯克里亚宾作品专场，他的最后一首钢琴奏鸣曲经常在独奏会上听到。年轻的俄罗斯作曲家采用斯克里亚宾的高贵的形式——如他的半音，不可避免地夸大了这些特征。当旧的价值观被吸收在俄罗斯这个大破大立的熔炉中时，新一代面临的是在难以忍受的困难条件下生存的问题。他们没能在斯克里亚宾的音乐中找到一种共情的声音。它没有回应他们的情绪和愿望。对他们来说，这是一个死气沉沉的、越来越难以理解的世界的残响。后来，当苏联政府发布明确的音乐指令，敦促苏联作曲家摒弃所谓的世界主义潮流，从民族民间传说中寻求灵感时，斯克里亚宾的作品在所有方面都肯定是"世界主义的"，但并没有被禁止出现在苏联的音乐会生活中，不像勋伯格和斯特拉文斯基的大部分作品。不过他的音乐仍然遭到忽视。斯大林死后，在官方相对宽容的时期，斯克里亚宾的音乐，尤其是他的钢琴作品，重新获得了应有的地位。

在苏联领土之外，斯克里亚宾的音乐经常可以在英国、德国和美国听到。但是在法国，斯克里亚宾仍然被认为是肖邦的众多追随者之一，他只是作为几首钢琴前奏曲和《升d小调练习曲》的作曲者被公众和音乐家所熟知。他的作品通常由法国钢琴家演奏。二战后，尤其是在巴黎，斯克里亚宾的音乐遭遇了敌对环境。有许多音乐倾向共存——尽管斯特拉文斯基的影响占主导地位——但所有这些，在接受普罗科菲耶夫的音乐的同时，果断地反对斯克里亚宾的精神和风格。然而，正是在巴黎，尼基什于1904年成功指挥了《神圣之诗》，而库赛维茨基于1921年指挥了《普罗米修斯》。1922年，瓦尔特·吉泽金（Walter Gieseking）在那儿演奏了斯克里亚宾的《第九钢琴奏鸣曲》。在后来的几年里，外国指挥家上演了《狂喜之诗》。但这些表演只得到了有保留的接受，与其说来自观众，不如说来自音乐家和评论家。如果斯克里亚宾的诠释者坚持下去，他的音乐可能会在巴黎获得认可，但当时法国正处于反浪漫主义倾向的高峰期。

斯克里亚宾是个浪漫主义者。这就是说，我们必须说明我们在什么意义上使用这个术语。从广义上讲，它指的是一段跨越一个多世纪的音乐史，从贝多芬到阿尔班·贝尔格。斯克里亚宾绝对属于这个浪漫的谱系。事实上，他的前三首奏鸣曲和许多钢琴作品在钢琴写作、旋律、和声及节奏转换以及所谓的灵感方面都直接源自肖邦。从《第四钢琴奏鸣曲》（op. 30）开始，我们发现了李斯特的影响，尤其是在《撒旦之诗》中。但这些影响是零星的，在后来的作品中完全消失，与肖邦的影响一样。斯克里亚宾的奏鸣曲和短钢琴曲，从作品第 40 号到第 74 号，以明显的个人风格写成。至于他的三部交响曲，在某种程度上，《狂喜之诗》的灵感来自瓦格纳。

在更广泛的意义上，浪漫一词可以指代一种持续不断的创作活动，而不仅仅是一种历史现象。在这种解释下，主导 19 世纪音乐的浪漫主义成了所有时段的艺术。它不仅在巴赫和他的儿子卡尔·菲利普·伊曼纽尔和威廉·弗里德曼的作品中，甚至在海顿和莫扎特等杰出古典作曲家的音乐中，或多或少地明确体现出来。从这个更广泛的意义上说，浪漫主义表现得非常多变，不容易受到限制。有人说它缺乏分寸，它不稳定；实质或内容模糊了作品的形式；它的特点是重复、夸张、极端的表现力，伤感、忧郁、模糊的遐想，自我放逐的想象力，外露主义、主观主义……这个列表可以无限扩充。

这些浪漫主义元素之间并不总是一致的，但它们似乎具有共同的特征。看起来是不同的表现形式，也许是自相矛盾的，却具有相同的势头，是一种迫使艺术家超越某些界限的力量。然而，每个创作者都必须滋养这种力量，因为没有它，作品将缺乏必要的能量和强度。古典主义者设法支配这种力量，同时从中提取他需要的东西，而浪漫主义者则冒着屈服于诱惑的风险，只能以一次可能会给他的作品带来混乱和不平衡的奋斗为代价来掌握这些诱惑。确定浪漫与否的不是主题，而是其呈现方式。

但是，浪漫的人，感怀于一种模糊的需求，不自觉却坚持不懈地试图超越的界限是什么呢？是他的艺术极限。一般来说，对于古典主义者来说，艺术只是一个插曲，某种庆祝。它打断了时间的进程，成为日常生活中的间歇。这是一个中场休息，之后生活重新开始，回到"严肃的事情"，好像什么都没有改变。另一边，浪漫主义者的目标是消除这种区别。他绝对希望一切都被改变，艺术不仅是一种表演，而且是一种持续的庆祝活动，它溢出到日常生活中并与之融为一体，照亮并实际上改变它。对于浪漫主义者来说，主要目的是将艺术品转化为行动手段，不仅在审美层面，而且在现实层面。两个世界在这个概念中结合；其目的是赋予创造性想象的人造产品以真实事件的状态（或者同样地，赋予真实事件以想象的状态）。这就是《帕西法尔》意义的线索。

当像阿尔班·贝尔格这样的浪漫主义者试图以最微小的表现形式、最细微的差别对情感生活进行铿锵有力的表现时，我们面对的并不是一个渴望揭示心理真相的"现实主义者"。事实上，这个真理被一个完全不同的真理所取代———个被激怒到极端的真理，被一种既暴力又精致的艺术诡计无限放大，并强加给我们，因为它非常真实，在心理上是行得通的。但是这个操作并不总是成功的。当它失败时，缺乏比例、极度夸张、做作、伤感的情节剧和无节制的情感外溢，是浪漫主义为其野心付出的代价。

除了斯克里亚宾之外，俄罗斯音乐都摆脱了浪漫主义的束缚。诚然，肖邦、舒曼、李斯特，尤其是柏辽兹在俄罗斯站稳了脚跟。他们的作品广泛演出，广受欢迎，并在俄罗斯公众和音乐家的品味中留下印记。然而，他们的影响只在钢琴和管弦乐队的作曲技巧上显现（众所周知，里姆斯基-科萨科夫的管弦乐在很大程度上归功于柏辽兹的影响）。但正是通过这些作曲家的间接影响，浪漫主义在俄罗斯被证明是丰沃的。交响诗等新颖的浪漫主义作曲形式帮助俄罗斯作曲家找到了自己，制定了自己的目标，并对自己的潜力和问题作出了充分的判断。但浪漫主义精神，在上文详述的意义上，仍然与俄罗斯音乐格格不入。尽管瓦格纳的乐剧成功地吸引了俄罗斯公众的文化圈子，但俄罗斯的作曲家似乎不愿意采用一些个别的瓦格纳样式，例如主导动机；无论如何也不愿采用瓦格纳的戏剧系统，达戈米日斯基、穆索尔斯基、鲍罗丁、里姆斯基-科萨科夫和柴可夫斯基都明确拒绝。

然而，必须指出的是，柴可夫斯基通常被认为是浪漫主义者，也许不是在俄罗斯国内，而是在国外，尤其是在法国。然而，柴可夫斯基受意大利音乐的影响远大于受德国浪漫主义的影响。渗透在他的音乐中的多愁善感和悲怆，不过是他的意大利主义的过度表现。他太心甘情愿地放手自己的情绪，他对自己的情绪放飞感到自满。但他并没有刻意培养这种情感主义，在这方面他与实际创造它的表现主义者不同。事实上，柴可夫斯基的意图和他的品味展现了古典的亲和力，正如他对莫扎特的崇拜所证明的那样。

斯克里亚宾是俄罗斯唯一真正的浪漫主义音乐家。没有任何东西将他与在他之前的俄罗斯作曲家联系起来，他与同时代的人也没有任何联系。无论他模仿了谁，他都不是谁的门徒；斯克里亚宾开辟的道路上没有作曲家跟随。借用斯特拉文斯基的话说，他是那些没有国籍的艺术家之一，尽管他具有典型的俄罗斯品质——鲜明的民族至上，倾向于在他的灵感源头追索他的道路，从他的想法和信念中汲取所有成果，不仅是理论上的，而且是实际的，无论它们看起来多么奢侈。

在俄罗斯音乐领域，斯克里亚宾是一个绝对独特的现象，近乎不可思议的例外。但是在那个时代的文学背景下检视他的艺术，他就不再是孤立的人物，不是那个族群中的唯一。斯克里亚宾的美学准则，与20世纪初激发俄罗斯哲学和艺术活力的大规模知识与艺术运动非常相似，也是对19世纪现实主义和实证主义的回应。弗拉基米尔·索洛维约夫的宗教哲学、法国诗人——尤其是波德莱尔和马拉美——以及第一代浪漫主义德国诗人，是这种精神和理想主义复兴的主要源头，这种复兴具有通常被描述为象征主义艺术的诸多因素，甚至尽管这个术语非常近似地定义了其多数代表。一些俄罗斯象征主义者，尤其是瓦列里·布里乌索夫（Valery Briussov），将自己局限于一种相当势利的唯美主义，并采取了一种高蹈派诗人的态度。其他人，如维亚切斯拉夫·伊万诺夫（在某种程度上是亚历山大·勃洛克），认为艺术是一种优越的知识模式，一种类似于神秘主义者的直觉，可以去伪存真，通往超验世界和神性。

斯克里亚宾没有意识到这些趋势的重要性，只是在他职业生涯的后期才开始对现代诗人感兴趣。因此，他没有任何借鉴。他们长久以来也对斯克里亚宾的理念冷若冰霜。然而——这很重要，因为在这里我们发现了斯克里亚宾思想的伟大和深度，以及他自发、自然的气质的证明——斯克里亚宾的艺术活动，独立于这些诗人的发展，却朝着同一个方向前进。激发斯克里亚宾作品的宗教、神秘情结与激发诗人活力的精神很接近。这就是为什么他们在革命后都遭受了同样的命运。

这些诗人和斯克里亚宾被同一个极繁主义（maximalism）恶魔激发成长。尽管如此，他们之间还是有区别的。对于斯克里亚宾来说，仅仅获得一个超验的现实、了解它并参与其中是不够的：他想占有这个现实，按照他的意愿改变它，因为艺术对他来说是一种造物行动。

斯克里亚宾因此放弃了浪漫主义作曲家和瓦格纳，进入了不自知的诺瓦利斯的世界。他不知道诺瓦利斯的著作，但他找回了诺瓦利斯的"神奇的理想主义"，并挪用了"世界必须是我想要的样子"的名句。诺瓦利斯个人意志的特征，他的梦想"被一种混合了精神憧憬的奇异情色所渗透"（正如阿尔伯特·贝甘［Albert Béguin］在他的书［《浪漫的心与梦》，巴黎，1939］中所说的那样），一个世纪后在这位俄罗斯音乐家的灵魂中重现。

难怪斯克里亚宾的音乐深深地浸染着文学、形而上学和神秘主义——这或许是一种"不纯洁"的音乐——斯克里亚宾本人从未试图隐瞒其本质，而在法国不可挽回地被污损了。在两次战争之间的这段时间里，反浪漫主义占据了至高无上的地位，音乐家、画家和诗人在精英批评意见之下，在各自的活动范围内，如果不是在实践中，至少在理论上，虔诚地宣扬着一种对"纯洁"的嫉妒性崇拜。

但是，如果我们应该注意的不是斯克里亚宾所追求的目标，而是他在追求这些目标过程中取得的成就；如果我们考虑的不是他作品的名称，而是作品本身；如果忽略他所说的和所写的关于它们的东西；如果不理会他自己对其意义的评价，而是转向作品，听听它们的诉说；如果我们接纳作品本身的意义——那么斯克里亚宾艺术的真实形象就会显现出来，所有的疑虑都会被打消。人们当然可以对这种艺术保持冷漠或批评，但要认识到，我们在这里面对的是一部必须按照与任何其他"纯"音乐作品相同的条件来聆听、理解和评判的作品，无论是与巴赫、肖邦还是与德彪西相比。

斯克里亚宾经历了通常所说的哲学思想的转变。他在思辨性思维方面天赋非凡。他热衷于思想的相互作用，在处理这些思想时表现出相当的熟练度。当他在1905年发现东方的形而上学时——不幸的是通过神智学——他认为终于找到了对世界的真实看法，这使他能够证明他最深层的愿望是正确的，并对他的音乐进行完整的诠释。这一点对斯克里亚宾来说是最要紧的。他绝对有必要在他的哲学和他的作曲活动之间建立一致性。他构建的理论没有其他目的，只是以理性的方式协调和制定他自己的音乐经验。当斯克里亚宾开始工作时，他关心的不是形而上学问题的解决方案，而是技术问题。不是按照他的想象来模拟世界，而是操纵乐音。他做了所有作曲家都必须做的事；他创造了有力的形式，然后他可以根据他的观念赋予音乐之外的意义并对其进行解释。从斯克里亚宾的《第三交响曲》（《神圣之诗》）、《狂喜之诗》和《普罗米修斯》（《火之诗》）来看，都是标题音乐。但这些标题几乎总是在作曲完成后才添加的。

将艺术家的作品细分为严格定义的时期，将它们视为作曲家革新的不同阶段，考虑到实际上时间是重叠的，这样区分可能很危险。然而，很难避免这种人为的划分。虽然它简化了一个持续的有机发展过程，不考虑离散和回归，但它让我们可以勾勒出一个大致的轮廓，设定关键的点位。

在斯克里亚宾的作品中，可以建立两个主要时期，分界线大致在《第四钢琴奏鸣曲》（op. 30），写于1902—1903年，尽管之后写的某些作品在风格上还属于第一时期。

最初的时期将包括前三首奏鸣曲和一些较小的钢琴曲，以及第一和第二首交响曲。所有这些作品都属于19世纪，是浪漫主义传统的一部分。它们被置于已经疲态尽显的美学运动的终结。除了早年不可避免的摇摆之外，斯克里亚宾的艺术——他的旋律创意、丰富的和声以及对简洁平衡的形式的偏重——证明了与肖邦的密切联系，尽管不是模仿，而是延续。斯克里亚宾成功地使肖邦风格的语汇更柔顺、更流畅，增强了调式的模糊性并增加了它的半音转调，然而，这些转调总是铭刻在带有强烈印记的调性的框架内。贵族的优雅，在它于世纪末的回响中愈发珍贵，斯克里亚宾第一时期作品的梦幻和怀旧情绪，甚至它们的标题——前奏曲、玛祖卡、练习曲——自然唤起了肖邦之灵。但同一时期的其他作品却大不相同。

斯克里亚宾第一时期的一部非常重要的作品是《第三钢琴奏鸣曲》（op. 23），写于1897年。它的形式是传统的，由四个乐章组成——两首快板、一首小快板和一首行板。钢琴语汇仍然是肖邦式的，但我们在这里发现了一种野性的力量。节奏型时而笨重又跳跃，还有突然很自信的主题。这种音乐本质上是表演而不是激情（如果我们从痛苦的词源上理解激情这个词），一种打破所有障碍的表演，在中间乐章的抒情和俏皮的插曲之后，在风暴中释放出最后的火热的急板。有趣的是，《第三钢琴奏鸣曲》是斯克里亚宾开始发现尼采时写的。然而，它并不代表作曲家作品中的一个孤立或特殊的时刻。恰恰相反。这首奏鸣曲向我们揭示了斯克里亚宾将要创作的所有奏鸣曲的心理和精神结构，也揭示了《神圣之诗》的心神结构，这基本上是一出戏剧，一段表演，在对自由意志的肯定的各种经验之后达到高潮。改变的是斯克里亚宾的旋律及和声语言，这是其中的特点。

前两部交响曲，作品第 26 号和作品第 29 号，遵循同样的方针。第一部以颂扬音乐荣耀的合唱结束（类似于贝多芬《第九交响曲》的《欢乐颂》）。在第二部中，终曲采用大调、进行曲节奏和阴郁的主题，引入了小调的、最初的快板。

《第四钢琴奏鸣曲》开启了斯克里亚宾创作目录的第二个时期，这个时期也是他全部作品的主要部分。在其中，我们已经可以发现这一时期的某些基本特征。它由两个紧密相连的部分组成；第一个是行板，以一个长长的九小节抒情乐句开头。它在颤音、琶音及轻柔和弦的背景下盛放，然后动摇、消散。紧随其后的是基于引子中的单一主题的"如飞似的最急板"雷鸣般的开始。在这里，斯克里亚宾第一次放弃了经典曲式，它要求对两个对比鲜明的主题进行阐述，一个发展和一个概括（不幸的是，斯克里亚宾在后来的作品中多次回归）。紧张的气氛瞬间消退，动作放缓，气氛变得阴沉，但连续的音乐线条被保留下来，最终回到了引言的抒情主题。它扩展了，在和弦伴奏之下，以反抗的姿态爆发。

从最为建设性的观点来看，《第四钢琴奏鸣曲》因其完美的凝聚力，也许是斯克里亚宾的最高成就。在后来的《神圣之诗》《狂喜之诗》以及《普罗米修斯》中，斯克里亚宾抛弃了《第四钢琴奏鸣曲》的一元论，并试图通过某些现成的手段来保持统一，即将乐章压缩成统一的整体并不间断地展开；最后回到最初的主题，这个主题被放大、丰富、加速，获得了新的意义。在《第四钢琴奏鸣曲》中，最终，和弦羞涩地出现在四度上，作为预感，成为斯克里亚宾《第五钢琴奏鸣曲》开始的和声的组成部分，并迅速植入《普罗米修斯》，开创了一个新的和声系统。

《第三交响曲》（《神圣之诗》，作品第 43 号）与《第四钢琴奏鸣曲》处于同一时期。然而在风格上，它主要对应于《第四钢琴奏鸣曲》之后的阶段。的确，这首奏鸣曲的语汇映射了肖邦的钢琴作品，但只是一星半点。《神圣之诗》的配器，虽然标志着相较于《第二交响曲》密集而沉重的配器的巨大进步，但仍然背离了瓦格纳的影响。《神圣之诗》的和声也有点瓦格纳风格，它的慢板尤其带有《特里斯坦与伊索尔德》的印记。

从心理上和严苛的音乐角度来看，在我们看来，《神圣之诗》可以说是《狂喜之诗》的早期版本，它标志着斯克里亚宾明确地告别了他的过去并更新了他的音乐语言。这部作品的华丽配器虽然仍继承于瓦格纳的作品，但其特点是对木管乐器的独创使用、不同乐器组的个性化以及经常强调铜管的最高音域，尤其是小号，它赋予了乐器能量以光彩，形成了斯克里亚宾以前从未达到过的透明而铿锵的魅力。《神圣之诗》的和声结构仍然有清晰的调性，没有四度的聚合。四度和声在《狂喜之诗》中重新出现，以半音和模糊的调式促发了一种和声结构，虽然还不是无调性的，但已经很不稳定，十分暧昧。

在《狂喜之诗》里，斯克里亚宾终于以三个乐章打破了交响乐的形式。他仍然坚持传统的奏鸣曲—快板形式，但它的对称性打断了声音的自由流动。或多或少，这种形式的不一致在《普罗米修斯》中也可以看到。在最后六首奏鸣曲中，刻板的曲式消失了，不再用调号，结构则基于两种对比鲜明的构思和意象的交互作用，一种是暴力的和意志的，另一种是温柔的、爱抚的和感性的。

斯克里亚宾的音乐语汇的演变，从《第四钢琴奏鸣曲》

开始，在《狂喜之诗》，尤其是《第五钢琴奏鸣曲》中清晰地表达出来，在《普罗米修斯》中得到了最充分的表达。这种演变与斯克里亚宾思想的内在发展平行展开。一方对另一方作出反应和制约。这种双重的进程不受所有外部影响。事实上，斯克里亚宾对过去或现在的音乐几乎没有兴趣。在经历了肖邦风格和瓦格纳时期，他与其他作曲家的作品失去了联系；它们不再给他留下深刻的印象，即使他很认真地去听关于它们的表演。他和德彪西一样喜欢感性的声响，但不能容忍他所谓的德彪西的"被动"和"本质上接受地位的感性"。他看了看《佩利亚斯与梅丽桑德》的钢琴乐谱，但很快就把它放在一边，再也没有提到过。但真正让他受罪的是《春之祭》的"残暴"，他将其描述为"原始"音乐，并说斯特拉文斯基顽固的节奏是"机械化的"。如果我没记错的话，他对贝拉·巴托克（Béla Bartók）一无所知。至于普罗科菲耶夫，斯克里亚宾听了很多关于他的议论，但他对听他的任何作品都没有兴趣。勋伯格的交响诗《佩利亚斯与梅丽桑德》让他深感厌烦，但斯克里亚宾的一个学生为他演奏的勋伯格的一些钢琴曲却激起了他的好奇心。

更重要的是，斯克里亚宾蜗居在个人世界中，试图解决德彪西、斯特拉文斯基、勋伯格和巴托克各自要解决的问题：自瓦格纳以来潜伏的古典调性危机。但与勋伯格不同的是，斯克里亚宾并未有意识地提出他新颖的和声概念，他只是在创作《普罗米修斯》期间有条不紊地应用它们。在那之前，他只是考虑自己突然的感性，完全相信自己的直觉。

《普罗米修斯》中的初始和弦可以简化为六个音符的音阶或调式——C、D、E、升F、A和降B——在各种转换中构成整个乐谱的旋律与和声结构的基础。正如伊万·维什涅格拉德斯基（Ivan Vishnegradsky）言之凿凿的那样，这种音乐系统基于六音的不规则音阶，在结构和使用方式上都与古典全音阶完全不同。它的六个音中没有一个具有补足的功能。它们之间没有等级或吸引力。这种特殊性与斯克里亚宾的处理方式密切相关。他同时使用所有组成部分，通常是叠加的四度。因此，音阶的概念与和弦的概念融合在一起，这个包含整个音阶的和弦显得非常稳定，无需解析就可以自圆其说。它综合归纳了这个音阶。从这个角度来看，和弦的任何移动都等同于自由的转调。音乐作为和弦的串联行进，无视任何先入为主的规则（在调式的限制内），也忽略了所谓的调性逻辑。

斯克里亚宾的六音调式不包括纯五度的音阶，因为包含它会导致调性回归；斯克里亚宾在他的《第六钢琴奏鸣曲》（op. 62）中避免了这个间隙，这是《普罗米修斯》之后不久的创作，而他在音阶中引入了第七级。

很明显，旋律与和声结构也融合在一起，因此，旋律只是以一定的顺序和节奏将和弦中包含的声音展开。然而，即便理论上这个和弦可以用调式来解释，但实际上调式是由和弦决定的；出发点是一个音块，在斯克里亚宾的听觉认知之下，它既是和弦也是音色。将作曲家带入与《普罗米修斯》以及从作品第 61 号到作品第 74 号的钢琴作品一样原创语汇的原因，是寻找可以反映闻所未闻的声响的和声集群——字面意义上说是如此——那是他在钟锣之声里所听到的。正是这些铿锵有力的印象激发了斯克里亚宾创作《普罗米修斯》和最后几首奏鸣曲的灵感。

斯克里亚宾的音乐，从这一点开始呈现出非常特殊的性格，在表达上有点仪式感，这与他的心理和精神革新以及他对世界态度的根本转变有关。他不再与现实世界对立，而是寻求与现实世界认同。

聆听《普罗米修斯》，尤其是第六、第七和第十首钢琴奏鸣曲，人们会惊讶于这种音乐在本质上保持动态的同时，不再是命令式或挑衅的。对他来说，艺术仍然是一种满足他欲求的行为；但这位魔法师现在已经成为一名牧师，在主持一个宗教仪式，整个宇宙都参与其中，每次都会以狂喜的舞蹈达到高潮。

斯克里亚宾在43岁时去世，在他达到艺术成熟的仅仅五年后。如果他在西方生活定居（他显然不能在革命后的俄罗斯继续他的工作），他的艺术命运无疑会大不相同。但他会朝什么方向前进呢？他会对当今假装无视他的当代音乐产生什么影响？这些问题永远无法回答。

第二部分　谜

七 歌 剧

　　斯克里亚宾的音乐，看似如此复杂，细品则显得格外通透清晰。组成元素的数量和种类，渴望、情感和想法都是复杂的，但与此同时，如果将其全部掌握，则非常简单，一如雕塑般经典，比例和谐。斯克里亚宾音乐的多种成分紧密相连，每一部分都与整体形象相关。这个整体并不代表一个简单的总和，或是不同部分的排列；它存在于这些单独的部分之上。这就是为什么只有完整的图像是真实的和具体的，而它的组成部分只有在分辨剖析时才变得可见。

　　斯克里亚宾的全部作品，用我们这个世界的语汇来说，代表了一种启示和化身，是某种形式的洞见和精神行为，而不是一种智力功能、沉思状态或感官印象，是一个超越思想、情感和感官的更高的实体，同时也包含了它们。

　　在他的所有努力中，无论是尝试创造新的艺术形式，还是努力在理性概念中定义自己的使命，斯克里亚宾都专注于以清晰和形象的方式表达他仍然模糊的愿景。在这方面，斯克里亚宾在艺术家和思想家中是一个明显的例外。没有其他艺术家在其生活哲学中做到了如此的完整、系统和简明。只有在过去的宗教先知、圣人、幻想家和伟大的神秘主义者中，我们才能发现思想、情感、欲望和情绪的这种统一性，所有这些似乎都来自同一个源头，被统摄的光芒穿透。这种特质为分析斯克里亚宾的作品带来了最大的困难，而且，很自相矛盾地，使这些作品显得相当简单。确实，只要确立激发斯克里亚宾创造性努力的统一原则，就足以推测他的表达方法背后的生命力。因此，极其清晰的细节照亮了他的创作道路，揭示了他的作品之间暗含的联系，它们的意义，以及它们的重要性。我们必须完整地把握斯克里亚宾的创造性信息，否则我们将无法完全理解它。它能在瞬间被揭开，但只有一把特殊的钥匙才能揭开它的神秘面纱。我们怎样才能找到这把钥匙？我们如何才能破解斯克里亚宾的谜团？从前面的章节中可以清楚地看出，仅仅对斯克里亚宾的作品按时间顺序进行总结和整理、分辨、剖析，永远无法解决问题。为了以真实的视角来排列斯克里亚宾的作品，我们不仅必须对斯克里亚宾的创作演变有一些整体的了解，而且对他的灵感来源也要有一些了解。我们必须弄清在奏鸣曲、音诗和交响曲中体现了哪些概念。即使我们试图对斯克里亚宾的作品进行心理分析以发现其构成要素，我们仍然必须对斯克里亚宾的全部作品有一个明确的认识，因为只有从整体上我们才能推测出这些要素的内在本质。因此，对斯克里亚宾音乐的技术分析无法为我们提供解开他秘密的必备钥匙；它无法启发我们了解他的创造性设计的意义、目标和重要来源。斯克里亚宾之谜的解决似乎只能借助于艺术直觉，一种对他的音乐作品的审美思考。因此，我们必须逆向前进，从特殊到抽象——斯克里亚宾在《天启秘境》中的自我启示使这一过程成为可能。这个作品从未实现，但它的设计在某些部分已有了详细阐述，为斯克里亚宾的创作意图提供了关键。然而，我们毫无保留地相信斯克里亚宾，并相信他关于他的作品和目标的声明，因为归根结底，音乐本身决定他的思想的价值。我们必须通过适当的研究，不带偏见地公正地作出判断，不管斯克里亚宾自己的声明多么权威。

从心理学的角度来看，《天启秘境》是斯克里亚宾创作履历的核心。他的思想集中在对《天启秘境》的认识上，其他所有的作品都是与之相伴的，一个逐渐结晶过程的延续的各个阶段，是艺术家朝着目标前进的路标。

但即使我们不考虑斯克里亚宾的情绪、渴望和期待等心理层面，而从整体上考虑他的创造性作品，我们也必须认识到，这个宏伟的设想并不是春秋大梦，而是一个达到了客观存在的计划，尽管形式上与原计划大相径庭。

因此，当务之急是带上《天启秘境》来审视斯克里亚宾的创作目录，而不是把它放在最后，即使这部作品（如果它可以在完成计划的意义上被称为作品）从来没有写在纸上，甚至从未起头，除了概念之外从未存在过（最初为《天启秘境》指定的材料最终被纳入了《序幕》的乐谱中）。因此，我们不得不依赖斯克里亚宾给朋友做的关于作品特性的介绍，以及它在《序幕》中的微弱反射。因此，我们发现自己被迫对只有设计没有内容的作品进行判断，因为对斯克里亚宾整个职业生涯的评价——不仅是美学上的，而且是哲学上的——都立足于《天启秘境》的地位。

* * *

在斯克里亚宾内在进化的各个阶段，《天启秘境》背后的基本理念经历了无数次的变化，朝着不同的方向发展，并呈现出不同的形式。我们可以区分这样的四个阶段。在斯克里亚宾生命的早期，《天启秘境》甚至连一个概念都不存在。当时斯克里亚宾并没有寻求以任何特定的艺术形式来实现他的想法。然而他的艺术已经充满了神秘的思想，可以说，它本质上是"神秘的"，因此也是活跃而积极的。

在总体方案中，《天启秘境》的核心设计可以被描述为人类在一个欣喜若狂的启示下瞬间统一的梦想。这个梦想贯穿了斯克里亚宾的整个艺术和哲学演变过程。它渗透并决定了他多年来的活动。这个早期（涵盖19世纪的最后十年）与随后的时期之间的区别在于，尽管他开始相信他生命的主要目的是实现这个梦想，但他最初并没有将这个目标限制为一部作品，例如《天启秘境》，而是认为他的所有作品都具有同等的意义。在斯克里亚宾当时的判断中，他所有的作品都服务于一个单一的目的，都指向同一个目标，都在为人类通过其影响进行最终的变形做准备。从理论上讲，这一概念假定艺术的拯救和解放力量，不仅是一种审美现象，而且是一种社会和形而上学的因素。斯克里亚宾愿意放弃对审美价值的崇拜，并开始将艺术视为一种能够促使人类本性发生重大变化的积极力量。从这个意义上说，即使在斯克里亚宾创作进化的最初几年，人们也可以识别出斯克里亚宾艺术的"神秘"实质。

斯克里亚宾的《第一交响曲》——尤其是它在音乐上不成功的收尾，一首艺术的赞美诗——以惊人的有力方式揭示了这位年轻作曲家的渴望和抱负。从诗的角度来看，这首赞美诗是不起眼的，却代表了《天启秘境》的初步草图。事实上，这是斯克里亚宾全部作品中唯一一个运用了宏大、超凡风格的例子。斯克里亚宾在其中第一次以明确且完全有意的设计，表达了他对艺术的统一、启发和变形力量的看法，这成为他生活哲学的主导概念。他肯定了所有艺术的宗教作用，但它是一种没有上帝的宗教。人是孤独的，没有上层的神力守护，只能通过他的艺术来获得快乐。这个概念说明了斯克里亚宾在他的《第一交响曲》中对艺术的赞美与贝多芬在《第九交响曲》中对欢乐的神化之间的根本区别。但是斯克里亚宾真的在他的赞美诗中赞美艺术吗？他曾经告诉我，"这不是对艺术的赞歌，而是对艺术家的赞歌，也就是对我自己的赞歌"。斯克里亚宾当时全神贯注于自己，沉浸在自己的个性中，以至于他也认同自己的艺术。

早在1901年，《天启秘境》的想法就开始在斯克里亚宾的脑海中形成。他想到了创作一部歌剧。这是第二阶段。1903年夏天，斯克里亚宾给我写信说："如果你知道我是多么渴望写一部歌剧就好了！"但是，听从某种内心声音的指示，他作出了决定性的选择，将他的行动延伸到艺术的边界之外。《天启秘境》的想法诞生了。在充分意识到自己的意图后，他开始创作一部名为《大功告成之幕》的作品。他希望在短时间内完成它，但该计划的规模越来越大。他越靠近它，它似乎就离他越远，他希望能把它置于一定范围内。这是第三阶段。

在这个迫于期待又不断拖延的时期，斯克里亚宾决定写一部《序幕》，作为通往《天启秘境》的门槛，作为它最初的一幕，一种发端。这是《天启秘境》的宏伟设计和客观现实之间的妥协，要通过大量删减和简化来实现。

* * *

1902年秋天，我与斯克里亚宾的早期交谈的主要话题是他的歌剧。我的印象是他已经做了两三年了，尽管歌词和一些音乐已经部分写出来，但有什么阻止了它的完成。他经常和我谈起这件事，几乎充满热情，还给我读了部分歌词。但他已经投身于其他计划。《天启秘境》的强大愿景显然干扰了歌剧的完成，因为在歌词中预示着为《天启秘境》指定的元素。斯克里亚宾在1904年春天离开俄罗斯之前，仍然打算继续他的歌剧作品，甚至确定了次年完成的日期，以便他可以认真地踏上《天启秘境》之旅。但我很清楚根本不会有什么歌剧，因为《天启秘境》的迷人幻影显然在斯克里亚宾的脑海中取而代之。我的预感是有道理的，完成《神圣之诗》后，斯克里亚宾开始创作《狂喜之诗》，同时继续制定他的《天启秘境》计划。他甚至不再在谈话中提及歌剧。它的音乐材料最终融入各种小作品中。至于歌词，它只保存在片段中。后来，我在斯克里亚宾为《狂喜之诗》写的文本中认出了其中一些零散的诗句。1907年，当我在洛桑再次见到斯克里亚宾时，他说这部歌剧只是一个废弃的计划，一个初步的草案，具有一定的价值，但总体而言，它不成熟且不能自圆其说。然而，他对这部作品的音乐片段抱有一丝柔情，如同父亲对长子的感情；此外，他在其中看到了萌发《天启秘境》的动机，仅此一点也就更显其价值了。

斯克里亚宾给我读了一些歌词；它由场景设置、抒情独白和各种不同的草稿组成。斯克里亚宾通过口头评论填补了文本中存在的空白。我记得对其印象深刻之处，诸如目标之直接，情节之天真诚挚，行文略显生硬但引人入胜，其活力、能量以及非常个人化的想法和情绪等。但是修辞方式，如图像的智性抽象，主人公的刻板模式，另外，虽然有大量情节上的灾祸，却没有表演和戏剧张力——所有这些都酿成了混乱的气氛。

唱词的最佳部分包含在抒情片段中，可惜的是，数量很少。文本的主要部分反映了斯克里亚宾的哲学、社会学和艺术观念。有些诗句具有令人愉悦的质感，这要归功于它们的文辞响亮，但韵律还是单调乏味。这部未完成的歌剧，似乎更像是康塔塔或清唱剧，而不是音乐戏剧。

歌剧的男主角还没起名字，被描述为哲学家、音乐家和诗人。很明显，主人公就是斯克里亚宾本人，舞台上的戏剧反映了斯克里亚宾自己的生活与作品的理想化形象。

谈到人物的个性，男主角有台词：

> 王啊，你会在何时揭示
>
> 你意志的力量？
>
> 奴隶啊，你会在何时决定
>
> 打破耻辱的枷锁？
>
> 在这苦难的生活中
>
> 谁还能有希望？
>
> 哦，天堂不过是一场虚空之梦！

然后男主角发誓要把人民从奴役和痛苦中解放出来：

> 如果我能给予你
>
> 幸福之我的一滴；
>
> 如果只有一缕爱抚的光亮

居住在我的灵魂里

可于片刻照亮

人们悲惨的生活

全无快乐，没有未来！

深受国王女儿的喜爱，他感叹：

我大胆冒险之胜利开启

终于为她所知。

她放弃了她的家庭和她父王的宫廷，追随宣扬新生活之幸福的男主角。但他被他的敌人们抓住了，他们代表使人们成为精神奴隶的黑暗力量。他被投入监狱。从斯克里亚宾的朗读内容里，我记得有主人公被审讯的场景（现存的手稿中没有保存）。"你是谁？你给我们的人民带来了什么信息？你会把他们带到哪里？你希望完成什么？"对于这些问题，主人公用一个词回答："自由！"这个词体现了他的整个存在状态，他随时准备以自由的名义站起来，甚至是反对自己。

男主角将自己置于世界的对立面，他想征服它，还要它为他的目的服务：

以我的大胆对抗，

我要占有全世界！

男主角被反抗黑暗势力并向他致敬的人们从监狱中救出。在最后一幕中，斯克里亚宾计划展示主人公的神化，他的使命大功告成，而他在幸福之巅死去，受到被他救赎的人们的赞颂。

＊　＊　＊

斯克里亚宾歌剧的发端与1900—1901年有关，当时他的唯我论到达了极端，支配他灵魂的是尼采式的强力意志，对不受约束的绝对自由的向往，对挑战和征服世界的渴望，对他个人的"我"的主张。但即使在这个早期阶段，斯克里亚宾的个人主义的专注并没有消除相互冲突的倾向。其他的情感和渴望使他充满活力——对他梦想征服的世界充满爱的柔情，与世界融为一体的热切渴求，以及将全人类团结在幸福的共同纽带中的希望。这种最终取代了他的唯我论的精神状态，无论多模糊，反映在了《第一交响曲》的尾声中，在后来的作品中也逐渐发展加强。因此才有这部歌剧的心理结构的复杂性及其内在的二元性。

凭一己之力挑战世界的动机，一个受苦受难的无名英雄的形象，被可怜的对手折磨和迫害，在歌剧中得到了高度强调。我记得个别场景完全建立在男主角和群众的对立之上，作者嘲笑和鄙视人群，对他们只有彻底的蔑视，没有区分贵族和平民的阶级或地位。这种态度的特性展现在宫廷舞会和民众叛乱的场景中，先是被引导反对男主角，后来为他的事业集会并释放了他。歌剧的主导思想是精神上比无名大众更强大的个人优越感，其推论是英雄有权使人民服从自己的意志。在这里不难认出尼采的精神，正如在斯克里亚宾最喜欢的尼采作品《查拉图斯特拉如是说》中所揭示的那样。当时斯克里亚宾认为尼采是最伟大的思想家之一。然而，后来，当他读到尼采对瓦格纳的攻击时，他的热情有所消退。人们还可以在这里找到拜伦式情绪的回声。然而，拜伦和尼采在他们的著作中都有一个补充因素。纯粹的个人主义情绪与相互冲突的动机交织在一起。斯克里亚宾将他的歌剧中的男主角设想为一个超人，但这个超人呼吁人类获得自由。他被自己对人民的关爱所感动，希望用喜悦的太阳来点燃他们，并在他们的喜悦中与他们融为一体。为此，他愿意承受任何牺牲，任何苦难。在这个结构中，人民不是在英雄指挥下创造一个新世界的原材料，而是他的精神上的兄弟，他们被召唤通过艺术的力量实现宇宙的狂喜：

> 以我天上和谐的魅力
> 我会飘向人们轻抚其梦，
> 以我神奇的爱的力量
> 我要让它们在春天绽放！

男主角只是为了这个目的而寻求权力。他想拥有这个世界，为的是赋予其喜悦，这喜悦在他的孤寂中包围着他。"全拿去吧，我无须承认！"他这样声称。

斯克里亚宾认为，英雄的意志高于一切；它不受任何人或任何事物的约束。在欢乐的精神中团结所有人是他为自己设定的目标。但在这种唯我论的无政府主义背后，有着对人类无尽的爱。主角，也就是斯克里亚宾本人，别无他求，因为这是他丰富的创造精神的必然要求。

斯克里亚宾的歌剧中完全没有伦理因素。他甚至没有提出善恶的问题。也许这个问题在当时对他来说根本不存在，尽管他在《序幕》中遇到过。但在他早年的时候，他赞同流行的尼采的观点，即善恶是纯粹的生物学范畴。在这方面，斯克里亚宾和尼采一样，是一个实用主义者。在统一全人类的梦想中，他没有追求道德或宗教目的。歌剧主人公不把和解或团结视为道德理想；它们被幸福和快乐的理想所取代，因为只有在人类的统一中，在宇宙融合为单一的躯体和单一的精神中，生命才能达到最终的盛放。这种物质和精神绽开的形象，很长时间内在斯克里亚宾的哲学中保持着核心地位。

除了拒绝传统道德，斯克里亚宾在他的歌剧中采取了开放和好战的无神论态度。后来他修改了它，因为他更认真地研究了个人存在的本质。他的无神论意识可以概括为：没有上帝；宗教是一种甜蜜的欺骗；除了人类本身，或者更确切地说是一个超人，一个英雄，没有其他的创造者。对于一个超人英雄来说，芸芸众生是无关紧要的；他们充其量是小弟，他们的职责是顺从地响应英雄的召唤，无条件地放弃自己的能量和法力。

* * *

英雄总是掌握主动权。达到终极狂喜是他指定的任务。他是唯一的演员。他是唯一的创造者。男主角的这些教条，标志着斯克里亚宾在写这部歌剧时的观念，而他在后来的成熟期认识到虽然主人公必须发起、鼓励、激发行动，但救赎和变形的任务是属于人民的，两者有着深刻的差异。他们必须被召唤去行动，以参与者的身份进行创造性的工作，而不是为英雄代劳的消极工作者。在歌剧中，主人公对群众的这种态度，分别象征着主动原则和被动原则，具有爱欲的特征。最先响应男主角号召的国王之女，代表着永恒的女性；她象征着群众等待着超人的召唤，顺从地、热切地接受他的指挥。男主角和国王之女之间产生的情爱象征着超人对世界的爱以及世界对他的热情的、女性化的顺从。这份爱的圆满，是最终狂喜的原型。这种象征性的爱的行为，后来在《狂喜之诗》的文本和《天启秘境》的某些情节中得到充分表达。

正如我之前指出的，斯克里亚宾以某种机械方式构想了人类的统一。他认为，建立政治和社会统一是实现人类精神统一的必要前奏。因此，他的梦想是建立在社会主义基础上并由一个独裁的、精神性的和政治主权上的英雄统一的包罗万象的世界王国；在这位英雄周围，按照严格的等级顺序排列着他的协作者，精神贵族的代表。斯克里亚宾歌剧的主人公是社会改革者、社会主义宣传者的化身，同时也是不敬拜上帝而由大祭司领导的特殊神权秩序的拥护者。陀思妥耶夫斯基的大审判官可能为斯克里亚宾提出了这个愿景。不幸的是，斯克里亚宾的文字中没有找到对应的场景。它们可能被记在零散的页面上并最终丢失了。

* * *

人类会在死亡中最终变形的想法，主宰着《天启秘境》的设计，也在歌剧中被模糊地勾勒出来。它的结局是男主角在完成他的任务后在人类中播下他的教义的种子，将他们结合成一个肉身和精神的实体并获得至高无上的幸福状态。斯克里亚宾从未完成这个结局，但他尽情地向他的密友概述了它的内容。英雄在一个伟大的节日里死去，而这个节日以英雄创作的宏伟音乐戏剧为实现宇宙统一加冕。他死于狂喜，在死亡中与国王之女会合，周围是欢欣鼓舞的群众。因此，这位英雄独自死去了，他呼吁人类实现全世界的狂喜，而这种狂喜将导致物质世界的全人类之死。他的变形成了个人的、主观的行为。他活在死亡的祝福中，但在时间和空间的范畴内，唯一的外部事实是他的死亡。人类和自然继续遵循他们的正常生活，无视他的尸体。对于主角来说，时间不再存在，空间像卷轴一样包裹着他，但他的终结并没有带来世界的终结及其变形。对狂喜的满足，没有再回来，只属于英雄和国王之女，而她象征着人类世界在慵懒的期待中等待终结。在他们周围的人只是旁观者。斯克里亚宾的个人主义信念，即将存在的状态仅归于他自己，作为一个从宇宙中分离出来的个体粒子，并将自己作为自己的对立面，在这里得到了极其清晰的表达。

斯克里亚宾以歌剧中的男主角认同自己，认真地暗示他也必须在歌剧的高潮时刻与男主角一起死去，如果歌剧被制作出来，这种对死亡的期待只适用于他，斯克里亚宾，而不适用于整个世界。由于极端的自我中心主义和主观主义，斯克里亚宾认为全人类之死和世界末日的重要性仅次于英雄的死亡和变形。在他的灵魂深处，他显然相信，随着他自己的死亡，世界也会随之陨落并消失。

* * *

出于对艺术的迷恋，确信它拥有压倒性和独特的力量，斯克里亚宾此时尚未显现在创作《天启秘境》期间所拥有的神秘气场。他的歌剧洋溢着与《第一交响曲》的合唱尾声相同的艺术情感。也就是说，艺术是一种强大的心理压迫手段，是一种将群众团结在单一体验中的最强刺激。但当时他还没有想到艺术是一种宇宙维度的现象，能够震撼整个自然界。对于斯克里亚宾个人来说，俄耳甫斯和安菲翁的神话还没有产生特别的意义。他的歌剧仍然在艺术作品的范畴里。它是一种复制品，一种意象，一种再现，一种音乐戏剧，其表演是为了打破并改变人们的精神，并引导他们进入狂喜。不过创作者的形象依然占据核心位置，歌剧是自己的欢乐、他自己的陶醉和变形以及他自己的狂喜的载体，这只是他自己的现实，而对于其他人来说，它仍然仅仅是象征而已。

* * *

斯克里亚宾的歌剧代表了他创作戏剧作品的唯一尝试，如果不考虑他在青春期尝试写的情节剧的话。斯克里亚宾在其中非常清楚地假设他的创作前提是主观的和心理的。他从不超越自己特定设计的界限；他没有像莎士比亚、歌德、托尔斯泰和福楼拜那样试图让他的角色活起来。在斯克里亚宾的歌剧中，只有一个人在思考和行动——斯克里亚宾本人。英雄、国王的女儿、他们的追随者、他们的对手和人民只是他自己个性的不同方面。因此，这部歌剧是一首描述斯克里亚宾内心生活的戏剧化诗歌；它被简化为一个连续的独白。但斯克里亚宾未能深入挖掘自我。他没有意识到他的创造精神的无穷无尽的财富和无限的潜力。他还没有学会通过内在的微观世界来预测宏观世界；他无法提升到更高的存在状态。这就是为什么他的人物刻画薄弱，而他的歌剧中的人物虽然在情节中的作用有外在的差异，但在本质上是相同的。

毫无疑问，斯克里亚宾在创作歌剧时受到了瓦格纳乐剧中人物的启发。他甚至梦想能超越这位拜罗伊特的大师。他认为，瓦格纳和他的后继者在拒绝历史而追捧传奇神话的过程中，最终必然会放弃任何历史或传奇的参考，创造出一部抽象的哲学戏剧。斯克里亚宾认为，通过这种方式，可以获得艺术形象的完美纯净和清晰，并赋予它们没有世俗特异性的普遍特征。但齐格弗里德之所以永存，是因为瓦格纳在他身上创造了一个能够轮回的真实形象，而斯克里亚宾歌剧中的主角缺乏必要的传奇和历史原型，尽管他具有积极的阳刚之气，但仍然是一个死胎般的造物。斯克里亚宾在他的歌剧中未能达成他的目标，但仍继续追求他的主观路线。其他途径都遭他拒绝。这种主观把他引向了何方，他通过它又取得了什么成就，将在讨论《序幕》时判明。

* * *

瓦格纳的影响在斯克里亚宾歌剧的音乐草稿中也很明显，他打算在其中建立一个广泛的主导动机体系。我们无缘对斯克里亚宾歌剧的音乐作出评价，它现在仅存不同的主题和动机。对于一些戏剧性的瞬间，斯克里亚宾已经找到了合适的乐句来说明其行为，但他在其他作品中也使用了这些凌乱的素材，同时无限期地推迟了歌剧的完工。对这些丰富材料的利用在后来的数年里仍在继续。因此，斯克里亚宾在

1903 年记下的当作歌剧的主旋律的一个乐句，在他于 1911 年写成的《第六钢琴奏鸣曲》中出现了。我记得他对歌剧的高潮处宫廷舞会场景的演绎，当时国王之女离弃了她的父亲并和男主角在一起。在其中，斯克里亚宾打算模仿一些歌剧，对他来说它们是平庸和精神颓废的怪物，尤其是柴可夫斯基的那些他非常不喜欢的音乐。一些戏仿，将平凡的旋律安置在华丽的和声中，相当巧妙，但显然斯克里亚宾没有落笔。

如果斯克里亚宾在 1903 年完成了他的歌剧，我们将拥有一部出色的，尽管风格兼收并蓄的作品——设计模棱两可，包含有趣的音乐性和诗意的桥段，但缺乏显著的意义——它顶多是对未来真正重要作品的预示。

八 《天启秘境》

1902 年底，当斯克里亚宾开始创作他的歌剧时，一个新的想法映入脑海。他想创作一部真正宏大的作品，一部《天启秘境》。它包含了末世的狂喜和世界末日的景象。斯克里亚宾坚信，这部作品的诞生真的会导致宇宙崩溃和全球灭绝。显然，这种设计是转向了另一个艺术层面，史无前例。

《天启秘境》将成为斯克里亚宾创作道路的终极成果。但他想通过一项初步工作为这个世界做好准备——一出悲剧，其主人公为世界带来欢乐并以狂喜引燃它。悲剧创作完后，《天启秘境》会揭示最终的预言。由于疑虑和优柔寡断，斯克里亚宾多次改变他的创作计划。但直到 1904 年年中，他完全沉浸在他的"神秘"幻象中。

他在瑞士逗留期间写了初稿，之后他希望去印度旅行，这对他产生了巨大的吸引力。他希望在那里建造一座雄伟的寺庙，用于创作他的《天启秘境》。他对这个计划的物质条件几乎没有表现出担忧。他莫名地确信，一旦宣布了这个计划，就会得到大量经济援助。这些幻想很快就被打消了。此外，斯克里亚宾本人也不确定神秘的确切性质。1902 年，他还指望在四五年内完成这项工作；1907 年，他说还需要五到十年。然后他决定写个初步的作品，一个《序幕》，为人类和他自己准备好迎接《天启秘境》的启示。从 1902 年斯克里亚宾的"神秘"时期开始，到 1915 年 4 月他去世，《天启秘境》的大纲没有发生重大变化。宏大的设计更加精准，预期的实现更显绚丽多彩。但这一切都已经体现在《天启秘境》的最初想法中，就像种子里蕴藏的花朵一样。斯克里亚宾在其中几乎没有添加任何内容，也没有从中删除任何内容。他只是以更高的接纳程度更仔细地审视它。毫无疑问，他受到了神智学的影响，但只是在神智学理论帮助他理清想法、促进实现他视为一生中最重要工作的范围内。

在分析《天启秘境》时，我们必须考虑它的形式，因为它是在斯克里亚宾生命的最后三四年里与朋友的谈话中固定下来的，当时他正处于创造力的巅峰。1913 年，当他开始创作《序幕》时，展现出了《天启秘境》最充分发展和最完美的形式。他将原本用于《天启秘境》的材料转移到了《序幕》中，这是主线作品的近似物。斯克里亚宾以过渡方式重新获得了关于《天启秘境》的彻底自由。他不再急于在规定的时间内完成这个宏伟的工程。他并不担心其明显的乌托邦式气质，他也不在乎别人会怎么想。在这个过程中，《天启秘境》的设计被扩展、净化，并摆脱了所有时空限制。斯克里亚宾仍然梦想着去印度寻求隐秘的知识。他甚至在 1914 年冬天为这样的旅程制定了详细的计划，但战争将其终结。他坚信《天启秘境》总有一天会完成。与此同时，他投身于《序幕》的创作。在他生命的最后一个时期，《天启秘境》的形象逐渐呈现出一种虚幻的、幽灵般的样子，尽管它的轮廓已被精确地描绘出来。《序幕》成为《天启秘境》的实现版，缩减到可以落地的规制，也服从了合理的计划。

随着《天启秘境》消失在遥远时空范畴的迷雾中，不受尘世杂质的污染，完全停留在理想主义的层面上，远离现实，它成为人性与神性广泛结合的古老梦想的超强载体，而斯克里亚宾自信是它的代理人。

标　题[1]

斯克里亚宾为他的至高杰作选择了"Mysterium"（直译为"神秘"）这个标题，当时他还没有成为一个坚定的神秘主义者，可以讽刺地谈论像弗拉基米尔·索洛维约夫这样的神秘哲学的支持者，并宣扬无神论和现象主义（phenomenalism）。他对古代神秘主义戏剧的了解几乎为零，直到很久以后他才对此涉猎。他对古希腊的戏剧不感兴趣，对中世纪的神秘剧更不感兴趣，所以《天启秘境》的名字与历史渊源无关。他试图在创作的后期建立这种联系，当时他正在寻找古代和他自己的愿望之间的类比。他高兴地记下了印象中的相似之处，并逐渐相信他的作品体现了古老的传统，凭借直觉的力量，他成功地发现了连专业历史学家都无法理解的东西，而且这些发现使他能够传达上古的神秘奠基人的魔幻信息。当斯克里亚宾在1902年第一次构思出《天启秘境》的创意时，他并不关心历史上的先例。他认为自己是一个站在历史之外的孤独人物，一个神秘的例外。他享受他的排他性和孤独感，并没有试图与过去建立联系，寻找前人或先驱。在他的想象中，神秘的概念有着完全不同的内涵。这对他来说意味着他打算表演的戏剧的神奇属性。斯克里亚宾深知这种活跃的特性，仍然保持着它的神秘性，因此尽管《天

1　本章的小标题均为中文版编者所加，以方便读者。编注。

启秘境》是一个魔幻剧，但设计它的法师却无法看透它的奥妙。不过斯克里亚宾打算利用的正是这种神秘的品质。在斯克里亚宾的理解中，"Mysterium"一词树起了所有艺术作品与他独特的艺术构思之间不可逾越的藩篱。

狂　喜

斯克里亚宾的歌剧原本是一部戏剧作品，仅此而已。这是为了描绘狂喜、个体逝去和灵魂变形的景象。另一方面，《天启秘境》应是这种狂喜的实现和完成，也应成就包括全人类在内的全宇宙的崩溃和变形：它是一种落实而不是象征，是世界的衰落而不是某个人的死亡。这是斯克里亚宾所构建的壮观设计《天启秘境》的两个重点。随后建立在此基础上的一切，都服务于他为全人类带来喜悦相融的决心。

在斯克里亚宾的脑海中，这两个重点在心理上如此紧密地联系在一起，以至于它们变得不可分割。因为他努力避免仅仅表现狂喜和表现具体事件，他不得不渴求一种全宇宙的，而不是个人的狂喜状态。相反，宇宙变形之梦需要一个确切的，而非象征性的落实。

追求这种终极的狂喜，然后人类将在天堂中苏醒，可以说，斯克里亚宾最初打算在舞台上描绘死亡场景，似乎暗暗希望通过认同他的主角并改变其内心的存在状态，引发他的死亡。但在对这个主题的不断思考中，斯克里亚宾开始确信他的个性与其他人个性的本质同一性。在他的灵魂深处，他自觉是亚历山大·尼古拉耶维奇·斯克里亚宾，而"彼得"或"伊万"之类的个性只是宇宙流动中的节点。因为"个体意识之间的区别仅在于其内容，但作为这些内容的承载者，它们是相同的"。但是这些预测如何与斯克里亚宾对他的独特变形的期望相一致？尽管这对他来说是主观确定的，但在时间和空间的框架内，我们只会留下一具尸体吗？如果斯克里亚宾真的像许多人所认为的那样是一个极端的个人主义者，那么他会找到一个非常简单的解决方案来解决他的问题：一切都是我自己的创造；时间和空间只是我活动的范畴；其他意识不过是我意识的产物。因此，唯一重要的是我自己的狂喜，它必须在整个物理世界的崩溃和时间与空间的废除中找到表达。在那之前，斯克里亚宾会推测，当他还是个体时，他必须区分客观和主观的存在状态，这种区别会在宇宙狂喜的那一刻消失。正是在此基础上，斯克里亚宾开始创作他的歌剧。但当他克服了自己的唯我论后，他放弃了歌剧，开始了《天启秘境》的写作。

在创造性方面，为了满足他对狂喜的渴望，斯克里亚宾认识到他与其余人类和整个宇宙之间在创造性层面的基本认同。对他来说，宇宙相融的梦想是对整个自然的最终变形的神秘、模糊和未充分发展的渴望的预知。但同时他也不得不承认，在一个冷漠的世界中实现个人的狂喜是不可能的，而且是自相矛盾的。当然，体验狂喜的具体人数是无关紧要的。当一个灵魂仍然被排除在宇宙之光以外时，是两百万人还是一万人在经历狂喜状态又有什么关系？这样的局部完善是无法想象的；要么所有人类和自然都经历变形，要么没有变形。斯克里亚宾非常清楚，单个个体的变形，或者用他自己的术语来说，普遍意识的众多中心之一的变形是无效的，因为宇宙的完满必须是彻底的。也就是说，宇宙狂喜不是单个狂喜的总和，而个体狂喜是宇宙狂喜的表现。个人的狂喜必然是局部的，因此是暂时的；可以说，它构成了瞬时悬置的时间，是众多存在状态的链条的一环暂时断开。只有宇宙的狂喜才能给予绝对的自由，所有的小"我"都会在"独一无二"的瞬间变形。

随着宇宙狂喜的概念在斯克里亚宾的脑海中发展，他必然会意识到自己的歌剧设计与末日戏剧化概念虚假性之间的内在矛盾。只要斯克里亚宾将创造性行为完全与他的歌剧主角（他暗中希望在关键时刻认同为自己）联系起来，他就有可能接受每部戏剧中固有的两组划分——一方的演员代表、展现、再现人类的感受，另一方的演员是那些感知和思考其诞生的人。个人和主观狂喜的概念本身并不涉及整个宇宙，这意味着行动个体与大量被动接受的人之间的分离，即演员和观众。但是，宇宙狂喜的概念必然排除演员和观众的角色；因为它只能作为一种集体行为来实现，将每个人都吸引到它的圈子里，而不是反对任何人。这样的集体行为不再是事件的再现或再造，而是成为其切实的完满。诚然，这样的一幕可能会失败，但它也可能成功，因此必须试试。

乍一看，集体行为，即斯克里亚宾设想的宇宙探索，与从外部感知的舞台表现之间似乎没有本质区别。因为无论是多么认真或坦诚的表演，戏剧的元素是日常行动所固有的。观众不一定是被动的，实际上可能不亚于演员本身完全沉浸在舞台上的戏剧进程中。他们因此成为戏剧表演的参与者。从这个角度来看，斯克里亚宾的《天启秘境》似乎是这样一部戏剧作品，其特点在于参与者为了自己的益处而表演，也因此同时成为自己作品的演员兼观众。

当然，将观众等同于演员的戏剧表演完全是可能的。一些现代戏剧导演已经尝试过这样的作品。事实上，斯克里亚宾的《天启秘境》很可能已经被简化为演员和观众的共演。但应该强调的是，斯克里亚宾的基本设计与世俗的戏剧改革毫无共同之处。对于斯克里亚宾来说，观众与舞台、观众与演员之间的分离，是日常经历通过戏剧层面的一种表达，其中的表演是一种可视符号，只反映了戏剧表演的外在。根据斯克里亚宾的说法，戏剧艺术起源于二元性，他打算废除这种二元性。在这里，我们触及斯克里亚宾创作哲学的一个基本点，迄今为止在分析他的成就时这一点都被忽略了。

超越戏剧

斯克里亚宾总是对戏剧艺术本身，对一般戏剧表现的本质，而不是对某种特定的流派感到深恶痛绝。多年来，这种厌恶增长到完全不能容忍的地步。与戏剧有关的一切，表演职业本身，甚至布景，都在他心中激起了一种奇怪的、几乎无法理解的敌意。他年轻时很少去剧院，到了生命的尽头，他几乎不再观摩任何戏剧表演。然而，在偶尔去剧院的时候，他却常常被舞台上的动作吸引；例如，他被莫斯科艺术剧院的戏剧版《卡拉马佐夫兄弟》深深打动了，但随后他又试图消除自己的好感。除了本能地反对任何类型的戏剧表演外，他自己也无法解释这种奇怪的特质。只有当他意识到他的人生观及其戏剧对应物的神秘内涵时，他才开始理解人类对表演的渴望，而这正构成了戏剧的重要核心。

斯克里亚宾承认人的戏剧本能的存在并不亚于现代"为自己的戏剧"的最极端支持者。斯克里亚宾觉得，对于戏剧改革者来说，剧院作为一座大厦，作为一个由脚灯隔开的舞台和大厅组成的实体，在空间上只是表达了人类寻找新的化身的原初需要，这种需要是通过戴面具实现的。因此，就斯克里亚宾而言，整个戏剧艺术都沦为一场化装舞会。人类试图通过伪装将自己从个人存在的精神贫瘠和单一道德中拯救出来，而他打算超越这种伪装。

人类没有被赋予完整、丰富和自由的存在状态。在精神上，我们在一个狭窄的空间里，如在监狱的围墙里，在某种外部力量强加给我们的奴役中苦苦挣扎。因此，对轮回的渴望——一种逃避自我、忘记自己存在状态的渴望——把我们从自我中拯救出来，转移到另一个存在的层面，可以接续体验不同的生活，可以体验某个彼得的生活，再进入某个伊万的世界，融入其中，可以从不同的圣杯中喝水，在一面面镜子中反射自己；通过轮回来克服个体存在与生俱来的孤独。然而，这些都不是获得真正启蒙的正确方法。人不能确实地将自己转移到另一个人身上。我们不得不满足于对另一个人格的幻觉、假象。我们会演戏，在戏剧表演中，个人有希望暂时解脱他的枷锁，因为角色面具提供了一种多样形式、多元价值、无穷无尽的多态生活的外衣。在这方面，剧院只是生活的替代品。剧院的功能是为我们提供慰藉，分散心神，迷惑我们这些可怜的生活囚徒，用兴奋剂使我们陶醉，以便在地球上创造一个人为的、虚幻的天堂。像大多数神秘主义者一样，斯克里亚宾假设了一条不同的人生道路作为唯一现实，在这条道路的尽头，人将进入一种普遍的存在状态，导向真正的轮回，使他有可能在自己身上发现另一个人，而其他人也在自己身上发现。这是一条宗教道路，一种将小"我"与"独一无二"者结合起来的方式。个人可以在全知的怀抱中超越自我，获得绝对自由和丰富的存在，无需面具、各种表象或者戏剧形象。对于斯克里亚宾这样的神秘主义者来说，（最广泛意义上的）戏剧根本上是反宗教的，因此是有罪的。它用多重轮回的面具代替了上帝的怀抱，从而撑起了人生幻觉。斯克里亚宾坚持认为，基督教的消极态度和对剧院及各种伪装的公然敌意是正当的。

在人类对戏剧的热情中，在这种对生活的戏仿中，斯克里亚宾看到了一种最深刻的精神退化的征兆，这是历史上最黑暗的夜晚即将到来的警告，随之而来的是一个新的黎明，在这个黎明中，人们将意识到自己的神性。

在斯克里亚宾生命的最后几年，盛行于莫斯科的剧院风潮使他感到厌恶，他感到现代社会的崩塌迫在眉睫。1914年战争爆发前夕的巴黎喧闹、奢华、紧张和颓废的戏剧生活，同样让斯克里亚宾嫌弃。"我们的整个社会正在转变为一部戏剧作品，"他常说，"它试图通过刻意的人为，获得一种生活的表象。我们自己的生活因为内在的分裂和外在的分散而开始获得一种戏剧性的特征。我们成了为自己表演的舞台演员，充满了对自我分析的热情。"斯克里亚宾认为缺乏真诚是现代人的典型特征，他们既是演员又是观众，化装只为了自我满足。

斯克里亚宾从不止于自我分析，不断探索自己的心灵，并敦促人类加入他的有趣游戏，在这个游戏里，生死将由艺术家的临时起意来掌握，就这点来看，他对于真诚和朴素的追索就显得很奇怪了。在强调自我分析的重要性的同时，斯克里亚宾认为它只是一个中间阶段，一个过渡。他认为世界有必要经历一个矛盾的时期，以达到更高级的存在状态。他认为，灵魂的和谐完整不一定是一种无意识的状态，完全有可能达到行动与认知的完美统一。他所宣扬的戏剧之魂与一般的舞台表演毫无共同之处。舞台表演的象征是面具，其中"A"呈现出"B"的外观，而仍然是"A"。无论这种角色转换如何艺术地实现，表演仍然是一个面具。"A"实际上并没有变成"B"，而只是假设了他的外表，尽管这种伪装可能使"A"如此沉迷，以至于他暂时失去了对自己真实身份的意识，并想象自己是他所装扮的那个人。这样的身份转换经常发生在儿童游戏中。但斯克里亚宾"将生活视为一场戏剧"的观念把生活设定为自己的目标，并以绝对自由的方式上演。这种戏剧的主要特点是完全的真诚。当斯克里亚宾宣称对他来说狂喜不过是一场戏时，他并没有暗示他是在玩狂喜的游戏，模仿它或戴上它的面具，相反，他对狂喜的渴望在现实存在中具有独立的价值，不是作为一种手段或过渡，而是作为一种基本实在。

《天启秘境》的作用是在外部和内部推翻戏剧，摧毁戏剧性。在他对绝对自由和永恒生命的渴望中，他渴望撕开自己个性的束缚，人们可以求助于面具寻求慰藉，但在《天启秘境》中，他将自己置于超绝者的怀抱中，借此形成全宇宙的行动。

对于一个内心分裂、与自己搏斗、被强烈的自我意识剥夺了直率和原始纯真的人，《天启秘境》势要恢复自我统一的完整性。因为人类曾经拥有纯真、真诚和正直，却变得盲目。一旦人有了自我意识，他就失去了内在的统一性。《天启秘境》的任务是在意识之光下重新创造这种统一，以便人类能够获得关于自己的智慧和知识，同时保持纯真。这样人就能澄清自己，同时保持他的真诚和正直。

在寻找失去的纯真时，斯克里亚宾发现了远古时代的先驱。他希望《天启秘境》能够重振古代神秘教士被遗忘的成就。

但在古代神秘传统中，尤其是斯克里亚宾在他的谈话中经常提到的厄琉西斯秘仪[1]，已经存在一种戏剧和再现的元素。他们已经带着颓废的污点，已经失去了他们的宗教和礼仪特征，并快要归入戏剧的类别。然而，这种趋势并没有完全夺去古希腊戏剧中神秘剧的特征。它出现在埃斯库罗斯的作品中，他的《普罗米修斯》是斯克里亚宾非常珍视的作品。希腊古典时期之后，一种戏剧性的绝对霸权继而出现。直到中世纪神秘剧的出现，才回归了戏剧的宗教起源。但在我们这个时代，面具成了主要的戏剧形式。戴上它，戏剧艺术到达了低谷。

思想形态

在从形式和内容的角度对《天启秘境》进行分析之前，在定义其意义和目的之前，我们必须先追溯斯克里亚宾思想形态的总体框架，其基本原则就包含在他关于《天启秘境》的理论中。

纵观他哲学性的人生意识阶段，斯克里亚宾是一个现实主义者。在他看来，在本体论上只有行动是有效的；事物，无论是物质的还是精神的，都缺乏存在的属性。如果个人心灵是创造的积极推动者，那么宇宙本身也是如此。世界，以及其中的人，构成了一系列鲜活的现象。这种奇特的活力与神智学背道而驰，源自斯克里亚宾对自己创造力的敏锐意识。作为一种高度复杂且有点折中主义的学说，神智学也包含行

1　厄琉西斯是古希腊女神，以纪念德墨忒尔和珀耳塞福涅的神秘仪式著称。编注。

为的动机。然而，神智学的基础文本，布拉瓦茨基夫人的《秘密教义》，宣扬的是实体主义。按照他将自己的想法归因于他最喜欢的作家的习惯流程，斯克里亚宾试图在布拉瓦茨基夫人的著作中寻找对现实主义的强调和对实体主义的否定。当我试图直接引用布拉瓦茨基夫人的文本来反驳这一论点时，斯克里亚宾机智地断言，布拉瓦茨基夫人使用实体主义术语只是作为对传统推导模式的让步，即每个行动都可以追溯到某种确定的机制，从而反驳了我的论点，这样就反过来将所有行动诠释为一种实体的属性。

这一系列行动的最终目标是什么？宇宙的行动的目的是什么？宇宙和个体存在的意义是什么？斯克里亚宾认为，宇宙中没有目标，也没有意义。世界的行动之流没有预定的路径。当斯克里亚宾听到布拉瓦茨基夫人的宣言"宇宙是梵天（Brahma）的运动"时，我记得斯克里亚宾的喜悦之情，当他把这句话读给我听时，他得意扬扬的表情证实了神智学说创始人的直觉天才！

存在状态没有目的，但具有作为其理由和辩护的内涵和意义，这一原则是斯克里亚宾哲学的基础。随着时间的流逝，这套信念经历了一定的修正，部分原因是受到了神智学的影响，更重要的是，他对自己的重要任务的理解不断加深。他承认生活中存在"运动"元素，并将世界视为神圣戏剧的产物；作为一种自我验证的行为，他承认个人生活是有意义的。它们存在的目的在它们之外，它们被指派执行某些任务，完成这些任务将证明其存在是正当的。

继续沿着类似的推理路线，斯克里亚宾断言，各个国家和某些历史时期也被分配了明确的使命，并且人类生活的进程预设了一个可预测的终点，即人类在地球上的终结。斯克里亚宾将这个想法推向了合乎逻辑的结论，他认为整个宇宙也必须具有某种目的，以戏剧的精神来表达，从而使宇宙成为它自己的目标。

正如我们所见，斯克里亚宾在他的歌剧中将世界视为一个反复无常和自由幻想的王国。他假设每个人都必须创造自己的目标并遵循自己的自然倾向。只有主人公为这些杂乱无章的现象引入了某种秩序和规律，使所有单独的努力和渴望服从于一个共同的目的，才能赋予历史以某种意义。但是有什么特定的内涵吗？这里指的是主角可能希望施加的任何内涵。尽管作为主角的斯克里亚宾打算带领世界走向统一和狂喜，但他并没有排除可以揭示完全不同设计的替代解决方案。

这种思想和情感的链条反映在《狂喜之诗》中，然而，它与新思想相互关联。狂喜的状态不再代表斯克里亚宾独有的个人愿望，人类被他的艺术魔力强迫接受他的理想并分享他的渴望。这个目标不再是从外部强加的，不再是超越人类的，而是内在的。斯克里亚宾的角色因此变得重要，只是因为他是第一个作出这一宏伟设计的人，因此被选中将其变为现实。这幅图景是斯克里亚宾历史哲学和宇宙哲学的基础。神智学平添了具体的术语和事实材料，但斯克里亚宾的思想早在他了解布拉瓦茨基夫人的书之前就已经形成。

在假定存在的纯粹现实里，斯克里亚宾断言存在的统一性，吸收了所有个体的所有可能的多样性，没有主观参照，没有明确的目标，并且在其本质上是自主的。斯克里亚宾终其一生都忠实于这一信条，但这个学说，就像存在的内在有效性一样，在其发展过程中经历了相当大的修正。

斯克里亚宾的歌剧以一种有点奇怪的方式将一元论的元素与个人化的多元主义结合起来。他在创作歌剧时是一名无神论者，只将创造力授予人类，拒绝承认任何更高的命令或道德规范。一种存在状态在他的信仰中没有实质内容；它是空的，虽然是自发地创造出来的，并以所有可能的颜色和图像绽放。现实问题不再对斯克里亚宾有任何影响。对他来说，存在者的统一不是内在统一，也不是传统上与外部多重事件现象形成对比的实体统一。它也不是源头上的统一。斯克里亚宾渴望理想的未来，他热切地等待着，并努力加速它的到来。他对宇宙起源之谜毫无兴趣。对他来说，过去是众多个体的直接存在，可以在某个单一的实体中联合起来。

世界最初的状态是什么？斯克里亚宾写道：

> 问世界起初如何，是无用的。时间的本质使我能够从每个给定的时刻推断出无限的过去和无限的未来……我渴望什么，我渴望此时此地，但我需要假定整个人类历史才能使这一刻成为现实。我创造了过去，也创造了未来，我的心血来潮，我的逃亡欲求。一切不过是我的愿望和梦想。一切都是我的创造。

他又写道：

> 我需要你，哦，过去的黑暗深处。为了我的无限飞升，我需要无限的发展，无限过去的成长。为了达到幸福的状态，我需要一个在苦痛中憔悴的世界。为了唤醒我现在的状态，我必须经历无数个世纪。为了达到今天的完满，我必须经历残酷和野蛮。我需要过去的斗争。

由此可见，斯克里亚宾是从现在推断过去。过去是由现在决定的，特别是由他自己的欲望决定的。由于斯克里亚宾对一体化的渴望，到那一刻为止，世界的过去就是它的本来面目，仅此而已。世界是根据时间和空间的规律建造的，若遵循斯克里亚宾的期望，不可避免地在宇宙狂喜中达到顶峰。斯克里亚宾首先构思了他的梦想，然后将历史改编为它。好比他先记下总和，然后倒推它的加数。

正是在这个时候，斯克里亚宾试图勾勒出一个宇宙起源的框架，再次遵循一个三分的辩证模式：混沌与虚无；确定的存在状态；混沌。这个模式的正误无法验证。它并非假装在表达某种既定的现实。斯克里亚宾只对创造某种辩证对称和消除内在矛盾感兴趣。

在 1903 年之前，斯克里亚宾将存在的统一假定为创作努力的目标，作为他自由选择并且在他看来可以实现的理想。正如他所表达的，存在状态既是虚无，也可能是一切。统一是英雄意志的重要过程的完成。随着岁月的流逝，这种期待从超然的范畴转向了内在的存在；他开始认为自己是一个传教士，被召唤来实现最终的团结。但是，如果世界内部如此热切渴望统一，那么它一定已经存在、隐藏在其中，或者消失在某个遥远的古代了。在这一哲学过渡时期，斯克里亚宾写下了《狂喜之诗》的文本，此前在他的日记中已有相关条目。他在这些著作中所反映的思想和感受是模棱两可的。这篇文章致力于自我启迪的精神是什么？它是一种被绝对自由意识神化的个体精神吗？它是一种宇宙精神，通过它自己的创造或通过它的某个行为获得自我认知吗？当我向斯克里亚宾提出这个问题时，他显然不知所措，在两种相互矛盾的解释之间犹豫不决。然而，斯克里亚宾写给《狂喜之诗》的文字和日记，通常指的是统一的精神，指的是个体灵魂最深处的神灵，是人类创造的上帝，而不是上帝创造的人类。斯克里亚宾当时赋予上帝什么属性？上帝是绝对自由的，已经实现了他的"我"与他的"非我"的认同：

> 通过识别"我"和"非我"，我附身于"非我"。从那时起，所有人的意识都溶解在我个人的意识中。我成为他们所有渴望的满足；世界变成了统一的行为，一种狂喜。所有人都与我的个性和我的活动一致，因此他们只能感知我的行为，只能体验我的意识。所有人都必须像相信上帝一样相信我，并承认我与他们自己的身份，这样才能获得他们在上帝中的平安和死亡。我渴望全人类的绽放，人类必须有一个互惠的愿望。世界上的一切都是人类创造活动的结果，因为一切都是我的创造。人类，也就是我，也就是神。纷争和死亡将被战胜，普世的欢乐将在生命的胜利洪流中涌现。

在这些声明中，就像在《狂喜之诗》本身中一样，我们发现了内在统一的理想；因为一切都必须互相结合，结成一体，因为一切就其本质而言是一体的："因此，一切，整个可见世界，都是一种创造性的行为，这是我的创造性行为，是唯一的，是我无拘无束的意志的结果。"

我们要如何解释这些话语——"我的创造性行为""我的无拘无束的意志"，等等？我们已经知道"我"的本质，这个"我"的创造物就是世界本身——个体要在自己身上发

现的就是超个人的"我"。与这些声明一致,斯克里亚宾写道:

> 从创造力的角度来看,必须如实解读世界,即将之解释为我的意志的投射。让我们来看看创造性努力的本质,即世界是多元的。为什么?答案如下:如果只存在一个实体,那么什么都不会存在了。创造行为是一种鉴别行为。创造某物就是用一物来界定另一物。只创造一个多样性是可能的。空间和时间是创造的范畴,知觉是它的内容。

以下的声明更加明确:

> 我渴望创造。通过这个愿望,我产生了一种多样性,包括多样性中的多样性和单一性:"非我"和"我"。"非我"是必要的,这样"我"才能在"我"中创造。"我"和"非我"是行动的两个方面。这并不意味着这些方面优先于行动本身;因为行动,就像世界上的一切,是一种独特的、自由的创造力。

渐渐地,这个初期的个人主义和无神论程式——世界通过英雄般的超人结成一体,超人以自由意志规制自身的一体,并在他身边建立世界和人类的历史——演变为最终假设:世界在其自身内部是独一无二的。起源,本质上是独一无二的,但只有在它终结时才认识到它的独特性。

斯克里亚宾在这里再次构建了生命、宇宙和人的三重体系,但现在他赋予了它不同的含义。在他早期的推断中,他有意识地在意志中重建过去，以达到最终的统一；然而现在，他认为他的愿景是几个世纪以来创造力和大自然的繁盛时期寻求其失去的原始纯真的结果。

斯克里亚宾早在他熟悉神智学之前就已经概述了这些计划。那时他还没有听说过布拉瓦茨基夫人的教义或她大量讲述的印度传说。值得怀疑的是，他是否能从奥古斯特·巴特（Auguste Barth）的《印度的宗教》（*Les Religions de l'Inde*）或埃德温·阿诺德爵士（Sir Edwin Arnold）的《亚洲之光》（*The Light of Asia*）等论文中受益。但是在阅读了布拉瓦茨基夫人的《秘密教义》之后，他的宇宙学程式几乎没有什么可改变的，除了引入诸如摩奴期、劫灭等术语。

然而，在一个方面，斯克里亚宾屈服于神智学。根据他早期的信条，宇宙过程只有一个周期可以运行。从虚无开始，即从完全平等和幸福出发，它将永远回到这种虚无、幸福。但是神智学假设了时间和空间上的多重宇宙循环。梵天的"运动"永无止境；在无限时间里，摩奴期紧接摩奴期，劫灭连着劫灭。接受了这一学说后，斯克里亚宾不得不放弃他关于最终和绝对狂喜的想法、他使命的独特性以及他为宇宙生命加冕的行为。正如他所表达的那样，他被迫满足于一种"私人的狂喜"，然后，在一个劫灭之后，会出现另一个摩奴期，最终导致另一个狂喜，永无止境。然而，在他的谈话中，他经常回到他最初对排他性的信念。宇宙狂喜的独特性和不可再现性，没有循环周期，因此梵天最终将获得永恒的安息。在其他几个方面，斯克里亚宾也忠于他最初的信仰，拒绝放弃与神智学学说不可调和的旧立场。像往常一样，他试图通过自由地解释神智学文本以适应他的目的，来缓和这一矛盾。

可能是受到叔本华《作为意志和表象的世界》（斯克里

亚宾读过的第一本哲学著作）的影响，他承认除了主观意识之外没有任何存在状态。贝克莱说"存在即被感知"，斯克里亚宾喜欢重复这句格言。他在日记中写道：

> 现实是我们的感觉、情感和意识的领域……这是唯一可以被看作无误的命题。换句话说，现实只在我们的感觉和精神状态的范围内被我们直接感知到……我们通过意识的棱镜感知一切的说法是错误的，因为在主观意识之外什么都不存在，也没有什么可以存在。

斯克里亚宾在他的谈话和著作中不断地回溯这个想法。人类历史是意识的进化。但是谁的意识？在斯克里亚宾的唯我论阶段，是他自己的意识逐渐发展，创造了当下，同时也设定了过去和未来。后来他把这种创造性的属性归于全知、神性，最后归于上帝，上帝在其子民身上实现了自我认知。对斯克里亚宾来说，意识从来就不是一种精神实体。他把它定义为一个积极的原则，一个行动，无他。意识本身是无效的；普遍意识是一体的，是共存过程的凝聚力，是关联系统。这个系统的每个成员，每个存在状态，都否定所有其他意识，同时通过它们的相互关系肯定它们。在这些状态之外，在一个系统之外，意识是不可能的。所有现象都发生在意识中，尽管它不是独立于这些现象的实体。当它们从意识中移除时，除了它们的抽象形式联系外，什么都没有留下。但这种抽象图景在现象的生命中具有现实属性；它每时每刻都被一个给定的现象详尽地表现出来。这个现象否定所有其他现象，并通过这样做来假设它们。斯克里亚宾将意识定义为一种存在状态，它仅与其他存在状态相关，而不是其自身。一种存在状态只能在其一体性中是绝对的，但它不会获得存在的属性，除非（或直到）它体验到整个世界认识到它的一体性的狂喜时刻，也就是说，在它的自我认知、全知的时刻。

自我认知是一个创造性的过程，它只在其诞生时显露出来。每个时刻都会产生一个后续时刻；创造性行为是这些时刻的总和。同样，个体意识本身是无效的，不能在共存过程之外被构想出来。斯克里亚宾将创造力等同于意识。意识状态是一种创造性行为，反之亦然：

> 创造就是鉴别。所有的意识状态都通过这种行为联系起来……体验某种意识状态就是将它与其他意识状态分开，只有在关联中它才可以存在。

归根结底，斯克里亚宾将创造性行为简化为一种专注感知的过程，它选择某些实体，通过肯定一种元素并否定另一种元素来唤起它们。个体通过注意力的集中来建立它的生命。这个过程类似于从原始的星云中产生的恒星物质的凝结。进一步的凝结导致恒星的形成并将它们固定在苍穹之中。

斯克里亚宾经常以不同的形式回归意识和创造力的概念，强调对旧事物的否定和对新的、不同存在状态的渴望。但他不得不承认，这些基本概念是无法定义的，只能通过比较和类比来暗示，只能间接阐明。斯克里亚宾写道：

> 单凭文字是无法描述创造性行为的。存在的一切都是我的创造。但它只存在于它的造物中，两者相同……抽象的概念，如存在、本质等，远

远不能表达现实世界之意义。

这些公告明显的主观性，为了解斯克里亚宾的思路提供了线索，并揭示了其理论的来源。这种方法是自我分析和反省，来源是他自己的心灵。斯克里亚宾很清楚他的主观性，但认为这是唯一可能的和正确的程序。"人可以通过单独研究自己来解释宇宙。"他常说。他在他的一本日记中写道："要分析现实，就必须研究我的主观能动性和自由创造力的本质。"

斯克里亚宾试图证明他的理论是正确的，他认为宇宙的进化与意识的进化是共同的，除了意识之外没有其他的存在状态。他内省地确立了这些命题，但他没有先验地选择方法。相反，他之所以选择它们，是因为他在微观世界中找到了宏观世界，并意识到只有在主观心理方面才能揭示真相。在这方面特别有趣的，是他的作品主要是抒情的，其中宇宙和主观元素如此紧密地混合在一起，以至于不可分割。这种元素的融合，不是说辞，而是他内心深处的真诚而直接的表达。《狂喜之诗》的文本被灌注了这些情感。

任何接受斯克里亚宾关于他的主观经验的信念的人，任何阅读过他的心理学文字的人，都必须意识到，对他来说，这两个存在领域并没有分离。它们在精神世界中统一了。以下与全知特征相关的片段是密切相关的：

> 当我没有欲望时，我什么都不是；但是当我体验到一种欲望时，我就变成了我自己渴望的实体。这种个人的渴望引起了所有其他的渴望，因为它只能与我的其他欲望相关……不同的意识状

态并存。我的意识只能与其他意识相关地存在，不仅与实际存在的意识相关，而且与作为一种可能性存在于每个心灵中的所有潜在意识，作为发生在意识视野之外的无意识过程相关。从这个意义上说，每个人都将整个宇宙作为一个过程包含在他的意识之外。

斯克里亚宾在这里探讨了个体的心理学。然而，关于心灵，他所要说的只是他关于宇宙意识命题的一个变体。斯克里亚宾的精神体验条件必须同时在个人和宇宙层面进行解释：

1. 与所有其他人的分别。

2. 与所有其他人的联系。

3. 个人主义（多样性）。

4. 神性（合一）。

只有在这些条件下，个体意识才能坚持自己，因为一个人只能意识到某种自成一体的东西，一种不同于其他实体的东西，同时由于这种差异而与它们联系在一起。因此，这些实体既相互排斥又与它相同。这些条件在普遍意识方面也保持其有效性，因为它们必须满足普遍意识所有部分的先决条件，即所有的存在状态。

斯克里亚宾通过分析他的作品而阐述的宇宙起源和人类起源程式，在本质上是相似的。他在这些分析中引入了新的细节，但基本方案不变。他将这些辩证结构描述为"节奏型"。他写了这个大纲：

意识觉醒前的时期。有意识的生活时期。后意识时期，与意识觉醒之前的时期相结合……以下是第一个节奏型：无意识状态；意识（生命的感觉）；无意识状态。

该方案后来假设了以下扩展程式：

0. 虚无—至福。

1. 我渴望（混沌之前）。

2. 我开始模糊地辨别。

3. 我辨别。我开始分配元素（时间和空间）并预见宇宙的未来。

4. 我登顶并体验合一。

0. 至福——虚无。

存在的原初状态在时间之外，因为时间必须从它演化而来。斯克里亚宾将这种原初状态定义为混沌、虚无、雏形、福音、无意识、一体性和神。在他熟悉了神智学之后，他把它叫作劫灭。把所有这些术语等同起来，同时强调这个等同应该被理解为一个近似值，一个对世界开始之前存在状态的不充分描述（如果存在状态这个表达完全可以用来指时间开始之前的时间的话）。他把这段时间比作睡眠，不受干扰的休息，在剧烈活动之后，一切都安静了片刻。在他生命的最后几年，斯克里亚宾很少使用这个术语。他更喜欢谈论一体性，神，"我"。他是如何定义这些概念的？在他的哲学中，单一性只能存在于多样性中，作为一个集合的统一，一个系统的法则。斯克里亚宾同样将"我"等同于他的个人经历、欲望和创造力。另一方面，意识对他来说是共存的精神状态的累积，上帝只存在于他的创造物中。对于这些问题，斯克里亚宾回答如下：必须区分与多样性相关的单一性和绝对的单一性，绝对单一性包括相互协调的单一性和多样性。必须将未被揭示的神，与造物中所揭示的、与创世过程相关联的上帝区分开来。必须将绝对的"我"与相关联的、包含在绝对"我"中的"我""你"区分开来。存在于劫灭中的状态是一体性和多样性的统一——即创造者和他的造物不可分割地存在于上帝之中，大"我"在一个摩奴期中将分为"我"和"你"。

人们自然会想到库萨的尼古拉（Nicholas of Cusa）和他关于"绝对者"作为矛盾结合的学说，以及他的现代弟子，尤其是俄罗斯哲学家塞米扬·弗兰克（Simeon Frank）。但是，斯克里亚宾对库萨的尼古拉的了解一定源于阅读富耶（Alfred Fouillée）的《哲学史》。至于塞米扬·弗兰克，他最重要的著作《知识的对象》直到斯克里亚宾去世后才出版。斯克里亚宾认为，绝对者的观点有别于与多样性关联的统一，是完全独立于这些资料而演变，完全出于主观动机的。

进入这个假想的领域，斯克里亚宾不得不放弃他最初的断言，即存在状态只能在意识里。他也放弃了他的现象主义，尽管他自己也不愿意承认，拼命地试图调和不和之事。表面上，他在抛弃现象主义和相对主义很久之后，仍然坚持"存在即被感知"的原则。他不是在逻辑论证的强迫下走上这条新路的。并非他的内省探索使他最终不得不承认存在于意识之外的可能性，即绝对存在的可能性，相反，他的思想受制于他对自己内在神性的不断增长的认识，对上帝的日益增强的信仰，对神灵的慈爱和虔敬的态度，以及对某种更高权力赋予他使命的意识。这种情绪与斯克里亚宾的早期哲学完全不同，在该哲学中，所有存在状态都被简化为它们与其他存在状态的关系。这种分歧持续了数年，直到斯克里亚宾不能容忍不和谐，终于意识到不可能在现象主义和相对主义的基础上形成一个庞大的宗教哲学体系。就在那时，他开始在这个基础上添砖加瓦。然而，这些新元素并没有改变斯克里亚宾的存在状态概念的基本特征和总体精神，其目标仍然是在万物合一时实现幸福的狂喜。在这种先天的、内在的绝对一体状态下，斯克里亚宾的灵魂中出现了对生命的悸动意志和创作活动的梦想：

> 我还不知道我应该创造什么或如何创造它，但我创造的愿望本身就是一种创造行为。一种创造性的冲动破坏了神圣的和谐，并产生了烙上神圣思想印迹的基底。

斯克里亚宾的宇宙起源论体现了宇宙演化中逐渐加剧的分化。绝对的一体性瓦解，产生了多样性，它们一起形成了一个相关的整体——那是原初时绝对一体性在多样性中的反映。神祇牺牲地弥散在它自己的创造物中，但它的形象以这种多样性原则保存在它们身上。斯克里亚宾在他的系统中引入了一种新的元素——神性，作为一种在宇宙中展现自己的绝对、自主的存在状态。然而，他继续坚持认为，在进化和逐渐分化的过程中，除了相互关联的多样性之外，没有其他存在状态，这是神最终解体的产物。在摩奴期，神只继续存在于他的众生里，无法逾越宇宙进化的过程；同时他也不能成为他的基础或实体。宇宙的生命是一种创造性行为，这种行为又由一系列新的创造性行为组成。每一个都在其结构中反映了创造的原初行为，并在一个稳定生长的分化过程中重新囊括了这一行为及其律动，这种分化过程折射并分裂了创作冲动。

我们已经确立，创造是一种区分和界定构成要素的行为。创造必然假定多样性。"人只能创造一种多样性，"斯克里亚宾宣称，"如果某个东西是独特的，它就是无效的。"

每一个连续的创造性行为都会增加多样性。时间中的第一个创造性行为，或者更确切地说，第一个产生时间并在所有后续行为中重复的行为，代表了超绝者的自我分化——自我沉思促发其解体及精神物质二元性的兴起，"我"和"你"，永恒的阴阳雌雄。这些基本对立中的每一方的组成部分，所有其他事物的先驱，都是相关的；因此，一个单一的创造性行为唤起了"我"和"非我"的范畴，精神和物质，主动和被动原则的状态。斯克里亚宾写道："'非我'加上'我'等于零。"同样的等式可以应用于精神和物质，适用于阴性和阳性的原则；当对立面合一时就会归零，这与斯克里亚宾的术语完全一致。尽管它们相互排斥，但当它们结合在一起时，就会启动宇宙及其中人类的进化。二元性是原初的多样性。它的三对前提反映了原始二元论的三位一体本质：它们从三个角度阐明了一个典型的创造性行为，从而假定存在状态的整个演变过程为克服阻力、自我启蒙、爱。

爱即创造

什么是物质？它是由决心征服它、超越它并印刻在它身上的精神所设定的界限，从而暂时恢复精神和物质之间的平衡，并在此过程中退化到一个较低等级。然后，平衡被一种新的冲动打乱，直到在摩奴期的活动中耗尽所有的力量源泉。斯克里亚宾宣称："世界是由我所命定的对抗诞生的。生命就是克服这种对抗。"

在斯克里亚宾看来，进化的过程，就是物质被精神浸润，即精神渗入物质的历史，导致相互渗透不断增加。然而，斯克里亚宾并没有赋予精神以优先权或优越性。精神将物质作为自己的界限，作为对自己的抵抗，在这个过程中耗尽自己。这种自我耗竭是它的目的，它允许精神和物质平等地关联。物质不存在于精神之外。相反，如果没有能够接受它的物质，精神就无法存在。精神和物质都密切植根于超绝者，作为其裂变和启示的共同产物。精神和物质的这种二分法，起初看起来很模糊，但在进化过程中变得越来越明显，在某个时刻达到了最大的张力。作为基本原则的精神和物质之间最强烈对抗的时刻，同时也是它们在具体的生活现象中最亲密融合的时刻。

自我限制的行为也是一种自我启蒙、自我意识的行为。正如超绝者自我牺牲地被区分为精神和物质一样，一个创造性行为在自我认知的过程中，也被分为"我"和"非我"。进一步的创造性行为是对这种"非我"的进一步解体，其中每一块都设定了一个"我"。斯克里亚宾写道：

> 创造就是分离，渴望新的东西，不同的东西。为了创造，有必要假设一个源头、一个多样性、一个"非我"，以及一个被分离的实体、一个个体、一个"我"。让我们假设"非我"在某个时刻是一个由 a 指定的元素，下一个创造行为将在于将 a 分成 x、y 或者其他，或者在于对 a 的否定以及 b

作为 a 的对立面的生成。

从这个角度看，世界的演变就是超绝者自我认知的历程。生命初生的悸动，超绝者对创造力的向往，是对认知的渴求。

自我限制和自我认知的行为同时是一种爱的行为，一种带有爱欲的行为。精神和物质的主要极性是，男性的极性，也就是浸入原则，以及女性的极性，即接受原则。宇宙进化的这种爱欲方面在斯克里亚宾生命的最后几年中占据了主导地位，他对爱欲本质的理解发生了相当大的变化。在他的《狂喜之诗》创作期间，这是非常感官化的。在他的创造性想象中，性欲方面是最重要的。斯克里亚宾的话，"我想像对待女人一样对待世界"，这不仅仅是诗意的隐喻。这种性欲，尽管精致、细腻，甚至是灵性的，但完全没有任何道德因素，也殊异于精神之爱，肉体融合只是达到目的的手段，是通往爱的途径。在他的想象中，宇宙的结局呈现出一种宏大的性行为的维度。为了向自己和他人解释狂喜的本质，斯克里亚宾总是诉诸爱欲类比和明喻。甚至要在其中实施《天启秘境》的神殿设计也是一个错综复杂的性符号系统。斯克里亚宾哲学的爱欲方面是他唯一不愿讨论的话题，尽管他在与朋友的谈话中很坦率，但并非没有理由担心他的想法会被扭曲、贬低。斯克里亚宾的创造性推断中从未缺席过性元素。他在性行为中看到了狂喜的物理原型。他的情欲充满了性的特征，却没有吸收外在的元素；它似乎对自己进行了更深入的探索，以至于性满足逐渐呈现出利他之爱的特征。斯克里亚宾认为，创造者不会将自己局限于创造行为中的感官享受；他也爱他的生物。他不仅喜欢拥有另一种生活，就像采摘一朵花一样，而且，他享受着丰富的生活，让他的创作充满活力，充满存在的喜悦。这种情绪是相互的；它会在一个人的创作中唤起一种对赋予他们生命礼物的人的爱意。从这个角度来看，世界的历史就是上帝对他的造物的爱以及造物对创造者的回应、快乐的爱之历程。超绝者的自我牺牲是一种创造性行为，也是一种爱的行为；它设定了时间的开端，并通过持续的自我牺牲启动了世界进化的进程——以旧的死亡为代价不间断地创造新事物，同时唤起了对世界的彼此憧憬。为它的创造者而生，对他充满爱意，渴望回到他的怀抱。斯克里亚宾宣称，上帝就是爱。这听起来像是基督徒的信仰告白，但对斯克里亚宾来说，这种爱包含了与基督教不相容的爱欲和感官元素。在他的宇宙起源论中，造物主在进化过程的所有阶段都保持着永恒的男性特征，其造物保持着永恒的女性特征。

进化与退化

多样性的逐渐扩张，世界从超绝者中退却，精神在具体现象中的具象化——所有这些都构成了世界进化的计划。但是进化意味着逆行的可能性。向心运动不可避免地伴随着离心运动。世界最终必须经历退化的过程，导致去物质化、去人格化以及随之而来的极性衰落。对于始终向前看、专注未来愿景的斯克里亚宾来说，宇宙历史就是世界末日的历史。这个终点既是思想的目标，也是动力。他写道：

> 初阶的认知是我回归之路的第一步。我的探寻和回归之旅标志着人类意识、认知、创造力以及我的历史的开始。

世界进化的戏剧使斯克里亚宾着迷，因为它注定很快就会结束，而且它的第一幕就包含了它的结尾。斯克里亚宾将退化解释为进化的对立面，这受到他对神智学研究的影响。回归的概念本身是斯克里亚宾哲学词汇中较晚加入的。因为如果没有共同的起源，没有天父，就不可能回到天父那里。在他熟悉神智学之前，他从未使用过退化这个词，只熟悉通行的进化概念。在他的构造中，进化持续了很长时间，但在一瞬间停止了。然而不久后，斯克里亚宾开始更清楚地看到实现《天启秘境》的困难，并决定缩短预备时间。"我们已经进入了全人类内在统一的过程，"他说，"我们已经越过山顶，已经度过了最紧张的时刻，这标志着最初的狂喜景象，我们现在发现自己处于专注和融合的时期，最终必须以死亡告终。"

当斯克里亚宾第一次接触神智学，特别是退化学说时，他打算接受。他甚至将退化学说扩展为涵盖以相反顺序追溯进化阶段的过程，具有类似于渐进展开的属性。他认为，宇宙在其演化过程中描述了一条抛物线或双曲线，类似于彗星朝向太阳的轨道。他们从虚无的黑暗走向温暖和光明，走向活跃的太阳，然后回到永恒。但在这里斯克里亚宾遇到了无法克服的困难。根据神智学的说法，我们现在位于路径中间附近，在曲线的上升分支上，属于第五种族。紧随其后的是第六和最后的第七种族。结局还很遥远，所以我们只能期盼着回归。显然斯克里亚宾不能接受这个立场。他决心促成回归。他愿意等待几年，但不是摩奴期所规定的千千万万个世纪。另一方面，他不愿拒绝有吸引力的循环和种族神智学概念，这在其他许多方面与他的哲学相一致。他认识到，精神下降到物质中必然会导致去物质化，这是一个长期的、历史的、客观的过程，不能被压缩为瞬间的内心爆发。

由于无法解决这个困难，他必须消除它，就像他遇到的摩奴期的多样性和其内在的反复狂喜的问题一样。表面上，他接受了神智学说，它承诺只为我们这个时代带来狂喜。因此，《天启秘境》不会终结整个摩奴期，只会结束第五种族的循环。不可能有多种存在状态回到超绝者的怀抱，没有宇宙的灭亡，而只有我们种族和超绝者子孙的新种族的死亡和启蒙。然而，在他的灵魂深处，斯克里亚宾仍然相信他会以某种方式加速这个过程，他会主持整个摩奴期的结束，并且第六和第七种族可以加速产生达到高潮的《天启秘境》。斯克里亚宾因此发展了一种理论，假设退化过程在其最后阶段的巨大加速是可能的，甚至是不可避免的，退化将沿着与进化相同的路径，但其速度无限快——不是因为它会消耗更少的时间，而是因为时间本身会收缩。分裂的进化过程使时间膨胀，而退化则将时间拉近，将其折叠起来，并使其在狂喜的时刻完全消失。因此，在一秒钟内活一百万年也是可能的。整个历史时期可以瞬间发生，就像一道闪电，在狂野的舞蹈中掀起宇宙旋风。当然，这一切不过是一种幻想。如果斯克里亚宾活得更久，他的理论可能会呈现出一种更有组织的形式。在他的最后几年里，他痴迷于在世界进程中发挥作用的唯一领域，即在人的意识中推动世界进程的思想。

神智学的影响

这个复杂而庞大的概念在多大程度上是斯克里亚宾自己

的，又在多大程度上有其他来源？我们知道，他的主要影响来自神智学和一些东方学，尤其是印度的学说。因此，我们必须确定斯克里亚宾体系的哪一部分来自神智学，尤其是与印度教宇宙起源密切相关的布拉瓦茨基夫人的著作。基本的神智学学说涉及摩奴期和劫灭，并假设多个世界时期，每个时期对应于梵天的一次呼吸，然后是他的安眠，然后是新的呼吸。斯克里亚宾在熟悉神智学后才开始使用梵天这个名字来代替超绝者。但是他独立地发展了超绝者作为一种绝对存在状态的学说，在我们的意识中它与非存在等同，并于潜在状态下包含了相关的统一性和多重性概念。超绝者在创造过程中化于造物之中的概念也是原创的。

一种相关的神智学学说假设存在七个层面、七个种族、个体灵魂的七重本质，以及最终的轮回。斯克里亚宾毫无保留地接受了在东方宗教和哲学体系中发挥重要作用的后一种学说即轮回观。但他从未试图充分发展它，也许是因为他对轮回教义中固有的伦理问题漠不关心。他只是在去世前几年才对道德影响感兴趣。斯克里亚宾通过神智学吸收了神秘学说，极大地扩展了他的世界在时空的界限；神秘主义也使他能够发现在历史的时间之前有大约数百万年的无限这样的观点。

在我们的感官限定的世界之外，斯克里亚宾假设了另一个世界，它更加复杂、广阔和丰富。这个世界对斯克里亚宾来说就像可见世界对我们一样真实而直接。斯克里亚宾是否真的通过直接经验感知到其他存在的层面？他有时会谈到他对星际在精神层面上的幻象，但他所言是断断续续而混乱的。星际不是他的领域。

斯克里亚宾在献身信徒生活中为自己的使命找到了辩

护，超能的信使被派往凡间以揭示其各个方面的秘密真相，以造福人类。他认为自己是这个特别信使的精英兄弟会中的一员，也是古代智慧的守护者和恢复者。在生命的最后几年里，他甚至想过在那个被神秘传说称作"白屋"的兄弟会中获得一个正式的头衔，他真诚地相信它的存在，并且他确信，它正隐秘地等待着自己的到来。

斯克里亚宾主要利用这些不同的元素，按照一个既定的设计来阐述、系统化组织他的末世学说。它将世界末日视为一种公共行为，它必然会导致精神与物质的融合，以及它们在超绝者的怀抱中的灭亡。这部《天启秘境》，将是全人类的大戏。

《天启秘境》的目的是什么？是在人类意识中体验狂喜，在时空之中体验死亡。对斯克里亚宾来说，狂喜和死亡是摩奴期的内外两个方面，人类和自然回归上帝，随后在神灵中吸收时间和空间。

人天生渴望废除所有令他以相对性个体存在的限制性边界。这种渴望是人和所有生物的决定性属性。一旦个体意识到自己是有限的、不完美的、孤立的，它就会热切地渴望超越有条件的、相对的存在状态的界限，违反分隔存在的限制规律，从而获得绝对的自由，与一切结合。这种自由可以用多种方式来解释。它可以被视为对上帝的回归，对原始混沌的回归，或者是对个人的神化，将一个人的"我"重新确立为一种独特的价值，是吸收所有其他存在状态的唯一现实。这些渴望及其伴随的愿景，只不过是我们对完整、无限生命的永恒而痛苦的渴望的表达诠释，是我们摆脱有限存在状态的枷锁的标志。待到解脱之时，在尘世的驻留必然转瞬即逝；当枷锁被打破，当灵魂得到自由，从最广泛的意义上说，构成了一种狂喜。对这种狂喜的曲折追求取决于我们对局限性、不完美和不充足状态的敏锐感觉。

狂喜意识的性质因我们如何看待这种解脱、我们打算如何实现它以及我们如何将其归因而有所不同。它的特点还取决于我们渴望与上帝重聚、在上帝中生活，在非人格和无形的存在状态中吸收溶解、沉浸于虚无中、步入死亡的渴望强度。狂喜对于酒神、普罗提诺、圣德兰和沉思的印度教徒含义不同。它的各个面相在个人宗教信仰方面是多样化的。但它的本质，一种独特的解脱加持，一种对无限自由、完美和无尽丰富的胜利断言，保持不变。

我们没有充分认识到将个性保持在有序与平衡状态所需的努力。因为这种心理上的张力，这种保持自我控制的艰难，永远不会从脑海中消失，它构成了我们精神生活的持续背景。只有在它急剧增加的时候，或者在极少数情况下，当我们成功地完全摆脱它时，我们才会意识到它。心灵太复杂，太不稳定，无法在没有持续努力的情况下保持平衡。我们的感官、思想、欲望和观念都在不断地进行内心斗争。我们构成了一个综合体，尽管它是不完美的，它不断地被打乱并立即恢复。只有警惕的自我控制才能使我们的心灵免于彻底的混乱。知觉、情感和欲望努力侵入我们个性的不平衡领域，想要实现特定目标，夺取完全的指挥权。因此，必须在我们的心理因素的各层级中保持相互依赖；因为如果失败了，个人就会受到疯狂的威胁，最终会受到肉体死亡的胁迫。必须让我们的个性服从某些规范，在这种奇怪的内心斗争中安排妥协，以便在我们的心灵中建立秩序。这种排序是多少个世纪以来影响我们意识的外部压力的结果，或者它是否由内在冲动决定，都与我们无关。对于斯克里亚宾本人来说，这种排序的源头是毫无疑问的。对他来说，人不言而喻地完全受制于自身内部的力量。但是我们必须接受这样一个事实，即心灵已经被有序地组织起来，它的活动依然受到某些强制性规范的控制。然而，这些必将纠正我们的缺陷和不足的救赎规范，却折磨着我们的心灵，因为这些规范限制了它的行动范围，而这个范围本质地、潜在地是无限的。

狂喜的本质是什么？是对所有障碍、界限和规范的破坏。狄俄尼索斯的道路通向狂喜的解脱。然而，我们只能按照既定的规范生活，甚至灵魂也是一种规范，尽管它并不完美。狄俄尼索斯的礼物，是欢腾的狂喜，由此导致心灵的破坏，混乱中的自由。灵魂被所有感官的酒神般的兴奋，被相互冲突的驱动力的强化所笼罩、撕裂。被旋风之舞抓住，心灵陷入混乱。它的统一被破坏，它的边界被摧毁，它的规范被废除。但这种混乱也带来了巨大的快乐，一种从我们生命的黑暗牢狱中解脱出来的快乐，一种拯救的快乐，一种从脱节的痛苦中解脱出来的快乐。没有更多的限制，无论是内部还是外部；不再有任何界限，任何障碍。一切都变得可能。这种酒神般的狂喜，这种蜕变的祝福，代表了心灵的非理性力量对意识的反抗，不规则的混乱战胜了对个人意志胜利的组织、定义和分析。意识的黑暗化是这种狂喜的先决条件，它标志着回归原始统一、无形和异构性。醉酒带给我们的不过是一种退化的狂喜幻象。

基督教神秘主义者拒绝回归原始混沌，但谈论与神灵进行爱的重逢。狂喜的神秘传说因色彩的细微差别而显得丰富多样。一些泛神论倾向的神秘主义者，用与酒神仪式几乎没有区别的术语来描述狂喜。他们的神秘主义和对狄俄尼索斯的崇拜，看似如此不同，却有着惊人的相似之处。两者都谈到了个体的瓦解。对于狄俄尼索斯的追随者来说，它是由突然的惊醒和生命张力的大幅增强引起的，有时是通过人为手段来辅助的；对于神秘主义者来说，同样的结果是通过简单的生活和肉欲的克制获得的，有时还需要采取生理措施，例如禁食。但他们的目标是相同的：在混乱之火中消融，或者回到全能之父的怀抱。一些神秘主义者反对个人灵魂完全灭失的想法，并教导在基督里永生，其中狂喜变成了灵魂的疯狂启蒙，它与上帝的交流，它回归超绝者，并永远居住在上帝之中。然后通过个人意志与神性的内在认同，获得绝对的自由和至福。

基督教对狂喜的解释与酒神论截然相反。除非我们从泛神论的角度来解释圣保罗的教义，不然基督教狂喜的主角是他。斯克里亚宾的狂喜学说结合了基督教和神秘主义的元素，形成了一个相当奇怪的综合体，其中幸福的状态瓦解冰消，个人意志被等同于神圣的命令。狂喜是斯克里亚宾末世论的关键点，几乎启发了他的全部主要作品——《神圣之诗》《狂喜之诗》《普罗米修斯》和《序幕》——表达了酒神崇拜中固有的幸福解放的最后时刻。但斯克里亚宾所要求的自由，与狂欢的自由之间存在根本区别。酒神概念纯粹是消极的，其中拯救的成分与瓦解的成分不谋而合。然而，斯克里亚宾的狂喜是一种积极的现象，有点类似于圣保罗的神秘主义。它赋予的自由在灵魂的重生中不涉及破坏性因素。灵魂在狂喜中消失，但又复活了，而狂喜的火热洗礼使肉体死去，并在精神启蒙中重塑它。这里的否定是创造性的。但斯克里亚宾并没有在这一点上停下来。他从对所有个体性的否定、个体性最终消失在超绝者的怀抱中以及与它的融合中得出了进一步的结论。斯克里亚宾的概念是泛神论的；在他的哲学中，人的心灵缺乏永生的属性。但是，虽然酒神之路通过个体的死亡将其信徒引导至直接的启蒙，但斯克里亚宾通过一条迂回的途径，通过高潮，通过个体心灵的启蒙，以及作为逝于主怀的必要前奏在上帝中的确认，达到相同的目标。

乍一看，这个概念可能很奇怪，但受到了斯克里亚宾对个体存在状态最深本质的直觉约制。即使在他最个人主义的时期，斯克里亚宾也将个性的解放定义为废除所有规范、拆除所有边界、克服所有限制并摧毁所有障碍。对他来说，狂喜是一种自我主张的行为。它发生在一个个性至高无上的领域。斯克里亚宾不接受通过在混乱中瓦解或与神融合而获得解放，而是宣告个性的神化，它为自己立法，通过愉悦的戏剧来限制自己，建立并破坏自己的规范，只服从支配其统治律法的一时冲动。但即使在这种简化的形式中，基于赋予他的"我"一种普遍特征并赋予它绝对存在属性的愿景，人们已经可以找到有价值的想法，使斯克里亚宾将个体视为一种自主的、自我限制、自我定义的实体。再后来，斯克里亚宾大为触动，扩展了这个概念，并赋予它一种宗教特征。

在爱欲的驱使下，我们奔向狂喜；我们的心灵渴望从限制规范中解放出来。这些规范是它们试图打破的枷锁。因此，我们反抗所有从外部强加在我们心灵上的束缚和障碍。它们意识到他律，意识到自己的形式是由外来力量决定的，它们无法理解其目的，但通过直接接触来体验其行为。如果这种联系是障碍，如果法则是锁链，那么存在就不是自主的，而是由外部力量所决定的。这就是奴隶的存在方式，唯一可能的逃避是自我毁灭，因为限制个体的规范不能在不导致精神本身溃败的情况下被破坏。

狂欢崇拜从根本上是悲观的，这基于如下命题：人类注定要遭受苦难和恐怖，而诅咒笼罩着个体的存在，其本质是一种硬性限制，消除这种限制会损害个体意识。因此，幸福的时刻也是消亡的时刻。这种悲观的哲学，由对个体存在的罪恶般的敏锐意识所培育，对斯克里亚宾来说是完全陌生的。生活对他来说是一种持续快乐的状态。但是，如果人类的个性是他律的，那怎么会有快乐呢？另一方面，一个完全自主的创造性个体的理念，刻意为自己设置障碍，束缚自己以迫使其撕下枷锁，以无政府状态代替自由，并摧毁所有样态，所有个体的定义都会随之崩溃，化为尘埃。

然而，对于斯克里亚宾来说，个体存在状态的本质并不在于从外部强加于心灵的限制，而在于自我限制，在这种限制中，自由等同于自主。因此，他寻求的解放不是通过破坏所有规范及取消所有限制，而是通过克服外来的、强制的特性，欣然顺从这些自由意志设定的限制——不一定是个人意志，而是独立存在的牺牲特质所固有的属性。心灵在狂喜中体验它的自由，作为对其自主性的预知，却不破坏它的定义形式，而是确认它们是自己的造物，即使这种创造物不是自主意志下创造的。后一观点标志着斯克里亚宾极端个人主义和唯我论的衰退。根据这些观念，狂喜表现为个体存在真正意义上的恢复，是个体的重生，他获得了对自由的认知，而这种自由隐藏在有意识的标准规范之下。

如果个体的存在状态是自主的，如果它不受外来力量的约束，而是受意志行为的限制，如果不完美、不精确和孤立意味着自暴自弃，那么个体存在必然是一种自我牺牲的行为。个性本身会是无偿献祭的结果。但是个人如何将大自然的限制解释为一种意志行为呢？只有通过对超绝者的直觉感知，其法则是自主的，通过自己与超绝者的身份认同；也就是说，通过狂喜。人在狂喜中洞察到自己的神性，从神性的方面，即自由的方面来认识自己。

从正常意识的立场来看，通过将"我"与"非我"对立来断言"我"仅通过外部边界的存在来识别存在状态，即使是神光照亮的狂喜也将标志着个体之死，因为这会展露强力限制的虚幻性质。但是，如果我们承认个体的存在状态是对神性部分的自我放弃，那么很明显，通过执行意志行为，个体服从了天父的旨意，最终的狂喜象征的不是个体的死亡，不是个体存在状态的毁灭，而是个体的开蒙。这种启蒙导致产生了一个新的种族，即自由顺从于超绝者的孩子，有意识地栖居在它的怀抱中，与它融合、分离，自愿剖析自我以执行独特的使命，既是礼物又是施礼者。

在这里，我们似乎看到了基督徒的臣服，"你的旨意达成了"。但这种虔诚的情感与矛盾的情感交织在一起。斯克里亚宾并没有从基督教那里领会它。当他意识到他在世上有个使命时，它就出现了。他关于世界和人的概念与基督教教条相去甚远。它实际上更接近于印度教对外部世界的理解。对斯克里亚宾来说，"在上帝中生活"只是作为一个过渡，是宇宙历史的倒数第二阶段而不是最终阶段。他相信人是与神同体，人是从神的实体中创造出来的，而神的实体在下降到物质身体的过程中就消解了。作为臣服于上帝和随之而来的上帝之死的大戏，世界的诞生和人类的诞生是在上帝内部发生的过程。对于基督徒来说，这样的构想是亵渎神明的，因为基督教宣称神圣的创造来自虚无。但它非常接近于印度教的宇宙进化论，在其中，我们可以在上帝和人及他的世界之间选择。超绝者只存在于劫灭；它消失在只有上帝之子存活的摩奴期。历史始于上帝的死亡和人类的诞生，并以人类的死亡和超绝者的复活结束，后者牺牲的身体在劫灭中复活，这是我们无法感知的。宇宙历史的神化在于将个体性完全融入超绝者。如果一开始是人的自我限制和超绝者的自我增殖，那么最后一定是重新结为一体，或者换个词，复活。因此可以断言，在个人心灵于狂喜中获得启迪之后，所有独特的子民都必须在其中重新团聚，从而失去他们的自我。显然，在狂喜状态下不可能有事件在时间线上连续发生。不可能有因果顺序，他们的关系不能属于时间范畴。我们在这里只能谈论一个逻辑顺序。狂喜的行为是自主的；在其中，心灵识别了超绝者并与之同体。因此，狂喜构成了一种自由和自愿的变体。但斯克里亚宾坚持认为，只要人类的心灵受到外来规范的束缚，就不可能实现。只有当个体自我获得对其神性和牺牲本性的意识时，它才能实现。只有在狂喜的状态下，神的儿女才能找到彼此，回到天父的怀抱，重获平安。

在斯克里亚宾看来，这种自由而有意识地回到天父怀抱的行动是孝道和双亲启示的表达，也有互惠的牺牲。当神分解成多样性并赋予多样性以生命，如此便在独一性（the Unique）的实质中注定了自己的死亡，所以人类在认识到上帝的形象后，渴望接近上帝，渴望上帝的复活，并因此而毁灭自身，在其多样性的实质中死去。

我们必须将这种上帝与人的互爱，与精神和物质之间、永恒的男性和永恒的女性之间的相互吸引区别开来。这种相互吸引和相互渗透是整个世界历史的缩影。世界和人都是这种爱的产物，分享这两种原则。自然也是这些原则的结合；因为没有它们的相互渗透和随之而来的冲突，就不可能有具体的存在。超绝者没有与生俱来的极性。冲突仅在其牺牲性解体时出现。起初，这种内在的极性是微弱的和不确定的。

然后它成长和发展，在最接近的相遇点达到最大张力，在人的出现中，两种基本原则最亲密地融合。随着精神的去物质化，这种紧张感减弱，随着两极之间距离的增加而减少。在衰退过程结束时，冲突变得不那么明显，在狂喜的那一刻，完全消失了。在人对上帝的爱中，在他渴望与他的属灵兄弟团聚，在他对父亲复活的期待中，没有什么特别是女性或男性。人的本性是"主动的""女性化的"。因此，人以上帝的形象出现，作为其拟像。他的倒影虽然反映了上帝的一体性，然而，却是分裂的。人的一体性是两个极端原则的紧张组合，它们只在上帝中融合为绝对一体。从这个意义上说，人是离上帝最近和最远的实体。

人对上帝的爱，就像上帝对人的爱（在这个框架中，人是宇宙的替代），完全没有任何性欲。这不是两个渴望结合的对立实体的爱；相反，他们的结合加强了他们的极性。这不是一种自我补充的渴望，因为它不可避免地带有一种奴性顺从的成分。这是一种自由给予的爱，自我提升并产生互惠的爱。但它的非性爱特征并不排除性爱；它的爱欲不亚于积极的男性原则和消极的女性原则之间充满激情的相互吸引。

在这一点上，斯克里亚宾似乎完全摆脱了性的两极的强制观念，以及对满足的感官和自我中心的需求。他接近基督教的利他爱的理想，没有自负的内涵。但即使他已经度过了可以称为印度教的时期，斯克里亚宾仍然离基督教的精神还很远。他对天父的孝心保留了一种他称为"爱抚"的元素，这在《天启秘境》的概念中得到了表达。

狂喜的状态在我们看来是一个瞬间、一个点、一道闪电，紧随其后的是一片黑暗，将我们推回必然的领域，让我们再次遭受外来的折磨。狂喜状态的实际持续时间无关紧要。无论是一秒钟，还是几千年，都不可避免地要回归到平常的生活状态。但斯克里亚宾否认了这种回归的必要性甚至可能性，认为狂喜状态是整个历史和宇宙过程的目标和终点，它必然会带来世界和人类在其中的全面蜕变。宇宙必须要么保持不变，要么永久被改变，不再回到从前的奴隶状态，因为时间本身将在最后一刻被吞噬，带着它的空间和多样性，这是它的属性。在他迷恋神智学之前，斯克里亚宾一本日记中的以下记录表明了他的思路，这大约是在 1906 年：

> 与绝对的不存在相反，绝对存在是存在于一切之中的，它在必然照亮过去的时刻变为现实；它将在神性创造完成的那一刻，在狂喜的那一刻重建过去。时间和空间以及其中所包含的一切，将在那个伟大的盛放与神性集合的至高时刻被消耗掉……绝对存在的状态是包容一切的神圣创造，它在时间和空间上标志着终极边界，以及发射出永恒的最终时刻。宇宙历史是意识的觉醒，它的逐渐启迪，它的不断进化。所有时间点和空间点，都将在全盘实现的那一刻获得它们的真实、真正的定义。只有当一件艺术品完成后，我们才能评估它的价值；相应地，我们只有在时间和空间的范畴被完善之后才能定义它们。狂喜的片刻将不再是时间上的片刻，因为它会将时间压缩到自身中。这一刻代表了一种绝对存在的状态。

根据这些理想主义的推测，斯克里亚宾认为，在狂喜时刻必然会发生的终极灾难，要解释的话，是物质层面上的，也是精神的颠覆。狂喜导致时间和空间的停止，肉体在宇宙大火灾中的变形是其直接后果。后来斯克里亚宾将时空世界的终结和以狂喜告终的宇宙灾难的到来，视为宇宙过程的自然结局。人类认识到他的牺牲本性与神性有关，他在超绝者中的消融，以及所有淹没在超绝者中的时空多样性随之消失，这是由于精神的去物质化，极性的减少和回到虚无，即回到一切。但是，根据神智学说，这完成需要数百万年，并经过一连串的中间阶段，对斯克里亚宾来说是迫在眉睫的事。如雪崩袭来，这将发生在他的有生之年。斯克里亚宾并不满足于个人狂喜的愿景。个人可以成为领导者、鼓舞者、煽动者以及狂喜核心，但即使是最伟大的天才，也不能孤立地实现狂喜。另一方面，用斯克里亚宾的话来说，群众是"天才意识的崛起，他的镜像反射"。天才"包含了所有个体可能的感官层次，因此吞没了他所有同胞的意识"。

在他哲学发展的早期，斯克里亚宾认为，世上没有宏大的设计，狂喜是他自己的特权，他决定将狂喜的神圣礼物授予人类，并宣布世界历史的终结是他的个人选择。然而，渐渐地，他开始将狂喜视为一种完全自然的现象，它遵循由先前的宇宙历史所决定的循环摩奴期的规律。摩奴期的出现可能是由人类促成或推迟的，但它迟早会发生在人类因渴望实现而被点燃时。这种对末日灾难的看法，非常符合神智学和印度教的精神。但是斯克里亚宾给了它一个新的解释，恢复了人类的主导。在他的计划中，世界周期的结束是由人类决定的，人类在那个至高无上的时刻成为祭司和祭品。人可以自由地牺牲自己，因为当人存在时，其他任何东西都不存在；只有人才能将多样性转化为一体。人通过自己的死亡使上帝复活。这种礼拜式的行动是斯克里亚宾《天启秘境》的基础。

艺术即宗教

斯克里亚宾希望通过什么方式实现这一目标？答案是：通过艺术。因此斯克里亚宾的《天启秘境》得是一个艺术事件。通常，艺术应该具有确定的内涵并发挥特定的功能。但《天启秘境》超越了普通艺术的界限，成为一种宗教和艺术行为。斯克里亚宾拒绝将艺术与宗教分开；在他看来，宗教是艺术的内在属性，艺术本身就是一种宗教现象。斯克里亚宾的案例是独一无二的，因为他是一位天才艺术家，他决心超越自己的艺术，不再做艺术家，成为先知、信徒、预言家。然而这样的称呼对斯克里亚宾来说是不可接受的，因为他拒绝承认他的设想超越了艺术，这样就侵犯了艺术的前沿，他也就不再是艺术家了。相反，他认为普遍接受的艺术观过于狭隘，失去了它的真正意义，它的意义被掩盖了。将艺术复位是他的宿命。因此，他比其他任何人都更像艺术家，因为对他而言，艺术就是他所信奉的宗教。

斯克里亚宾并未声称自己是这个概念的创始人，而是坚持认为他只是在复兴一个失落的传统。对"宗教艺术作品"的提及对他来说是同义反复。他认为，艺术要么是宗教的，要么是不存在的，因为它的主题、审美是精神在物质上的印记，这是一个绝对的宗教概念。

对斯克里亚宾来说，艺术的宗教性质是其积极力量的源泉。艺术要么是积极主动的，要么是酒神式的。在广袤的精神世界上，艺术家是一个不自知的俄耳甫斯，不知道其对人和自然的力量，无论是有生命的还是无生命的，优越的或劣等的，黑暗的或光明的。俄耳甫斯神话是斯克里亚宾最喜欢的传说。对他而言，它代表了对曾经拥有强大权力的历史人物的残余记忆，其真正的属性和意义已经丧失。然而人类对酒神艺术魔力的不解并不能摧毁它，它的记忆可能只存在于童话故事中，但它的力量是真实的，并继续影响着世界的生活。因此，艺术家是无意识的魔法师。斯克里亚宾相信他是第一个将这种魔法从被遗忘的漫漫长夜中拯救出来并恢复其力量的人。但他乐于获知先于他的其他人知道这种力量，他渴望在人类历史上找到俄耳甫斯的传统。维亚切斯拉夫·伊万诺夫告诉他，诺瓦利斯在他的小说《海因里希·冯·奥夫特丁根》（*Heinrich von Ofterdingen*）中描绘了一位英雄，他通过他的艺术的神奇力量实现了对物质世界的启蒙，斯克里亚宾听了很高兴。法国音乐史学家儒勒·孔巴略（Jules Combarieu）在古代魔法咒语中寻找音乐的起源，他的发现也给斯克里亚宾留下了深刻印象。一位从未接受任何神秘观念的学者持有如此的支持性观点，对斯克里亚宾来说是对他信仰的重要确认。无论这些推测的价值如何，斯克里亚宾都是第一个将艺术的神秘原理发展为系统学说并将其用作自己作品的美学基础的创意艺术家。对他来说，这不是一个推测性的假设，不是他艺术活动之上的一个超结构（super structure）——就像它的附加部分——而是他作品的一个组成部分，是他努力使他的直觉预感合理化的不懈努力。事实上，他认为自己就是一个俄耳甫斯，通过他的艺术对精神和物质世界施加力量。正是由于对俄耳甫斯的这种自我认同，斯克里亚宾才能够形成《天启秘境》的构思。斯克里亚宾坚信，艺术家的力量在有意识地朝着最重要的精神目标努力的人手中会更加有效。艺术在其重要原则上是酒神式的；不仅是音乐，绘画、雕塑、建筑、诗歌和舞蹈，都拥有俄耳甫斯的魔法力量。但它是如何表现出来的呢？一首奏鸣曲、一幅画、一首诗，怎样才能真正有效？为了回答这些问题，我必须进行些具有争议性的观察。

萨巴涅耶夫关于斯克里亚宾的著作（莫斯科，1916年）中有对斯克里亚宾关于艺术魔力学说的唯一详细说明。但在我看来，他的说法具有误导性，而且我对斯克里亚宾观点的记忆在每一点上都与萨巴涅耶夫相矛盾。不幸的是，斯克里亚宾没有留下任何关于这个主题的想法的书面材料。他在日记中几乎没有提到它。在他生命的最后几年里，斯克里亚宾全神贯注于他的工作，很少将他的想法写在纸上。因此，他的密友的回忆是可用信息的唯一来源。但我们的谈话是自由交换意见。斯克里亚宾并没有以明确的形式假定他的想法，而是让他的思绪四处游荡。对话和辩论激发了他的思考，并在一定程度上指导了他的思路。可以这么说，斯克里亚宾从来没有用句号结束他的话。某一天以明确的术语表达的理论，可能会在第二天打上问号，重新辩论，并呈现为一个意想不到的或新颖的表述，随着对问题的搜索而逐渐加深和扩大。正如萨巴涅耶夫所说，斯克里亚宾关于艺术魔力的理论很可能已经存在。斯克里亚宾经常沉迷于这样的推论，但一旦他意识到它们的逻辑缺陷，他肯定会修改他的结论。鉴于斯克里亚宾对理论的不断修正，这些缺陷最终对他来说会变得显而易见。根据萨巴涅耶夫，斯克里亚宾关于艺术的酒神特征的理论如下：

艺术是一个巫师，拥有支配人类心灵的神奇力量，通过一种神秘的、咒语的、有节奏的力量表现出来，并直接从创作者意志的实质中传递出来。这种韵律的能量极大地增强了艺术的神力。就像有规律的节拍，无论多么微弱，都能成为钟声轰鸣的动机；就像发声体的周期性振动能够以稳定增加的幅度摧毁固体一样，由声音、光和其他感官印象的相互作用引发的心理振动，可以被极大增强，引发名副其实的心理风暴。在这方面，艺术的力量是巨大的。艺术对心灵的影响可能是纯粹的审美性质，但它可能强大到足以引发艺术净化、内心的启迪和净化；在其最极端的表现形式中，它将产生一种艺术狂喜的状态。正如有两种魔法，白色和黑色一样，艺术的魔力在心理上可能是良性的，也可能是恶性的。如果它产生一种内在的启发，那么这种艺术的效果就会变得很奇妙。一旦我们接受了在精神层面上有效行动的原则，一部作品的每次表演都变成了一种魔术，一种圣礼。艺术作品的创作者和表演者都成为魔术师或朝拜者，他们激起心灵风暴并对人们的灵魂施咒。这种通向宣泄和狂喜的通灵艺术，根据其有效行为所选方向，可能成为礼拜行为，抑或魔鬼行为。

因此，根据萨巴涅耶夫的说法，艺术的魔力仅限于精神世界，对物质领域没有影响。但随后，斯克里亚宾期望以何种方式影响物质世界则变得难以理解。难道他把艺术仅仅归于一种心理力量，排除了所有普遍效应吗？但如果是这样，斯克里亚宾为什么对俄耳甫斯的神话，即他打动树木和石头的表演如此着迷？确实，正如萨巴涅耶夫提醒我们的那样，有节奏的振动可以通过幅度的持续增加来破坏实体。但这种类比不适用于艺术。艺术是通过作曲家所使用的声音的绝对强度来产生影响，还是音乐仅通过心理手段影响物质对象？如果是后者，那么通过什么特别的方式？在萨巴涅耶夫的叙述中，斯克里亚宾的理论只适用于音乐。对于其他艺术什么都没有说，它们被剥夺了权力吗？如果是这样，斯克里亚宾综合所有艺术的梦想还剩下什么？这些问题需要彻底分析。

萨巴涅耶夫文章的根本缺陷在于，它没有审视艺术作品的审美成分，显然将美的概念置于次要地位，这样，审美在其魔法的本质里就是中性的，因此也是无效的。但这种态度与斯克里亚宾的基本哲学前提完全矛盾。他可能偶尔会说出这样的想法，但他永远不会在提到《天启秘境》时用到它们。把艺术的审美效果与它的净化作用对立起来是不和谐的，它产生了"照亮和净化"的感觉，因为审美的觉知，顾名思义，就是一个照亮和净化的过程。艺术的魔力不可能是良性和恶性交替的，一个推论会假定艺术有美学价值却有害、不健康、不道德——这是斯克里亚宾无法想象的意外。萨巴涅耶夫自己引用斯克里亚宾《第一交响曲》合唱结尾的诗句："哦，神圣的奇妙形象，哦，纯粹的和谐艺术！"神性的形象不能对世界产生负面影响，在神性统治的地方没有黑暗势力的空间。任何知道斯克里亚宾为艺术赋予了多么崇高的地位的人，都应该清楚这一点，无论是他的生活还是哲学，他对艺术的投入程度以及他对艺术的拯救性恩赐的坚定信念。因此，无法想象斯克里亚宾可以将任何艺术描述为撒旦的行为，因为在斯克里亚宾看来，艺术作品天生就无法为黑暗势力服务。艺术家不能成为恶毒的魔术师，只要他是艺术家，就体现着神圣的形象。如果我们要接受萨巴涅耶夫对酒神论的解释，那么我们必须相信，对于斯克里亚宾这样伟大的艺术家来说，艺术没有特殊性，完全被魔力所吸纳。如果是这样，那么奏鸣曲和魔法咒语就没有区别了；斯克里亚宾的《第九钢琴奏鸣曲》在美学上等同于某种令人厌恶的咒语，撒旦教通过这种咒语召唤它的主人。《第九钢琴奏鸣曲》是一部充满美感的伟大艺术作品，然而，根据萨巴涅耶夫对斯克里亚宾学说的描述，它的审美价值与其魔力的性质和方向无关，尽管它具有内在的美感，但作品本身必然是消极的。但如果是这样，那为什么斯克里亚宾只对那些具有审美价值、包含美的魔法咒语和圣礼作出反应呢？难道它们只是更讨他喜欢吗？这种假设导致了荒谬和矛盾。当然，萨巴涅耶夫本可以引用斯克里亚宾自己的话，将我们的批评转移到他身上。但关键是斯克里亚宾永远不可能用萨巴涅耶夫赋予他的术语来表达自己。我愿承认斯克里亚宾可能会自发说出这样的想法，但经过考虑，他必然会否定这些，并发展出一种不同的理论，一种对他的内心体验，以及他的个人观点、设计和愿望的分析和澄清。我将尝试根据我与斯克里亚宾的讨论来解释他的理论。

艺术的精神和物质之力

艺术作品所产生的任何影响都必须是物质性的。艺术作品，特别是音乐作品，对物质产生影响，以某种方式改变它。这种影响是物理的，但在斯克里亚宾的理想化中，它扩展到所有存在，包括精神和思想。尽管这种影响的性质尚未得到彻底评估，其表现形式可能不会立即显现出来，但它们存在于艺术家的创意设计中。必须始终牢记，艺术影响的物质因素是与其他感想相结合的。任何音乐作品中的声音系统都会影响整个物质世界，并以各种方式改变它。严格地说，任何物体，即使它完全没有审美价值，也会对其环境产生一定的影响。这样一个对象的出现，在一定程度上破坏了它出现之前存在的平衡，因此必须在其他对象之间创造一种新的相互关系。而且即使是世界体系中最微小的部分也与所有其他部分密切相关，因此可以说埃及金字塔的建造、从欧洲到美洲的航行都改变了整个宇宙的平衡。从这个角度来看，斯克里亚宾的《第三交响曲》与一些宏伟的项目，如巴拿马运河的建设，原则上没有区别。人们自然会想到音乐和爆炸产生空气波的物理特性。爆炸性气流的破坏性结果在我们周围随处可见，但至少可以想象，它们的能量也可以被引导、组织化、系统化，也能用于建造工事。我们绝不能得出结论，建造用途会需要扩大振动并使用最大强度的音响。要实现同等结果，不仅要提升声波功率的数值，还要通过更复杂的声波组合。人们甚至可以幻想由一个特别复杂的声波系统实现的死者肉体和物质的重组。毫无疑问，如果我们能看见声源周围产生的气团振动——比如说，在斯克里亚宾的《普罗米修斯》的表演中——我们会发现所有物体，包括我们自己的身体，以如此复杂的节奏振动，引起物质的分解和转化。这种物理影响不取决于创意艺术家的意愿。他甚至可能没有意识到这是可能的，然而，他的作品所创造的发声体确实在一定程度上改变了周围的媒介。根据斯克里亚宾的说法，这个发声的身体不仅影响物理环境，而且影响精神和思想，因此会对不可见的物体产生无形的作用，搅动所有状态的物质。但是，斯克里亚宾坚持认为，类似的搅动不仅是由艺术作品产生的，而且是由任何物体侵入世界产生的。

然而，这些影响的性质和方向存在很大差异。艺术品作为具有审美价值之物，具有变革性和积极性，它是建设性的、统一的和塑造性的。受其作用的媒介变得有组织；在其中建立了某种和谐的秩序。这种效果的强度、深度和持续时间可能会有所不同，但其方向保持不变。艺术家拥有强大的工具；它的应用只能是有益的，有时与创造者本人的意图相反。可以说，一件艺术品之美成为其对物质世界各方面积极影响的保证。

关于音乐的说法也适用于舞蹈、诗歌、绘画和建筑。但只有通过舞蹈艺术（从广义上理解这个词），人体才能成为完全统一、和谐的实体。在日常生活中，我们的身体受到外部环境和内部欲求的影响，被剥夺了统一性，而统一性只有通过可塑的、美观的动作才能完全实现。舞蹈首先影响的是舞者自己的身体，不仅是他直接可见和可感知的身体，还有他不可见的身体——精神的和思想的——并通过它们改变物质媒介，赋予它和谐的运动。它进一步影响了观众的身体，他们内心跟随舞者的节奏的律动。因此，舞蹈可以被描述为生物组织的最高类别。舞蹈节奏中潜藏着宏大且迄今为止尚未开发的潜力，斯克里亚宾希望在他的《天启秘境》中将其变为现实。当然，并非所有形式的舞蹈都具有这种有组织的、崇高的美德。有些舞蹈——尤其是原始部落的舞蹈——会对生物产生有害影响，无论什么样的统一与和谐都会被破坏，并将混乱的精神注入人体。它们的破坏作用类似于异度空间的空气波对有组织的物质施加的破坏作用。这种原始的舞蹈缺乏审美价值，而审美价值是对物质产生积极影响的首要诉求，因此这这必须被排斥在艺术范畴之外。

在静态形式中，即使是愚钝之物也能获得极大的美感，例如在完美的建筑结构中。一个活体在运动中接受这个组织，在由节奏调节的动作中，即在舞蹈中，其和谐是动态的。钝物只反映静态的和谐，类似建筑师创造的方位和谐。在音乐和舞蹈中，艺术的影响不仅限于声音媒介或有节奏运动的人体；同样，建筑大师通过按预定比例分配大量石头，不仅服从于石头本身，而且服从于其周围无边无际的物质宇宙的和谐规律，使其朝着更宏伟的组织方向改变。因此，每件艺术品都成为动力的强大源泉，其组织行为侵入了所有存在状态。

除了对物质的影响之外，艺术还对精神世界产生了强大的影响。艺术对物质之力的概念可能看起来很奇怪，甚至是荒谬的。但没有人会否认，音乐家、诗人和画家对人类的灵魂行使了一种特殊的力量。所有艺术家，尤其是音乐家，都知道听众或观众与他们自己之间产生亲密共情的时刻。艺术家的命令、情感和想法会立即传达给在场的人，邀请他们本着恭顺的精神作出回应。这种力量比物质力量更强大、更持久。艺术使人着迷；艺术家使感知者的心灵与他自己的节奏脉搏一致，并成为影响深远的力量中心，这些力量建立了与其创造者相称的心理秩序。每颗被吸引到创作者影响范围内的心灵，反过来成为与创作者相互作用的新的辐射中心，促使他继续前进，并增加或减少他的活动，就好像通过相位干扰一样。如果《普罗米修斯》的表演能够以特定的振动穿透听众的身体，无形中将扰动引入有生命和无生命的物质，将其拽进有规律的、有节奏的运动中，那么这场表演在音乐厅中产生了一个灵魂的群像，它包含在一个有序的动作中，所有个体的心理，包括驱动者本身的心理。对这种现象可能还有其他的解释分析。无论如何，对于斯克里亚宾来说，集体灵魂与个体心灵一样真实。它不是由个体灵魂的叠加组合产生的算术总和，而是一个完整的有机实体。

在这里，我们频繁见证明显可见的现象，而斯克里亚宾似乎没有发现任何新东西。新的元素在于这种心理影响的程度及其特性。因为必须记住，比起人，斯克里亚宾更相信同时居于高低层次的精神实在。艺术也必须通过感官以直觉间接或直接地来影响这些存在。例如，居于精神层面的生物应该对音乐敏感，对音乐的魅力作出反应，就像人自己一样。在这种观点中，由艺术创造的精神有机体包含了无数不同的存在，有形的和无形的，无论意识的一致性和程度如何，都会变得内在统一而且无限复杂。就其与创作艺术家的关系而言，精神媒介变成了巨大能量的共鸣器，极度放大了原始脉动。

这种现象反映了艺术对人类灵魂影响的数量方面。更重要的是质的方面。我们发现艺术不仅是一个强大的共鸣器，而且还改造并重建了心理媒介；在艺术的影响下，尽管有多样性，这种心理媒介获得了一种特定的、同质性的特征。在我之前关于艺术对物质影响的讨论中，我指出，根据斯克里亚宾的说法，这种影响总是有益的，它给物质带来秩序，并有助于物质与精神的统一融合，将它提升到形式组织的更高层次。类似的现象也发生在灵媒中。艺术对它产生的影响可以用一个词来形容——绽放，它意味着心灵的和谐强化、扩展和多样化。心灵的这种绽放构成了一种全面的启示，一种对其所有隐藏潜力的实现。思考一件艺术品——一幅绘画、交响乐、诗歌或雕像——人的绽放，会呈现出一种更深刻、更充实、更强烈、更和谐的生活方式；艺术组织了他的灵魂，并赋予它人类灵魂通常缺乏的统一性。在斯克里亚宾的理解中，审美知觉的特点是灵性如此显著的强化，如此大幅的扩展增强，以至于它整体达到了更大的凝聚力，它的统一变得更加完整，它的形式更加完美。然后艺术家变成了一个善良的魔术师，他的魔杖让他周围的一切都绽放。我们想象他占据了整个同心球面的波浪系统的中心，这些波像光波一样向各个方向传播。在这些波的作用范围内的所有物体、所有意识，都统一在某个更高的实体中；它们的成分保留了它们的特征和个性，但它们在一体的启示中绽放并改变了自己。

这些前提的推论是，真正的艺术永远不会对灵魂产生令人沮丧或衰败的影响。即使是忧郁、悲伤的艺术作品，也总是将和解、统一与和谐的元素引入心灵，仿佛净化心灵一般。这是亚里士多德式的净化，它将灵魂从潜在的不祥、威胁性的混乱中拯救出来。

艺术作品所引起的特殊的精神亢奋，与由情绪压力、烦躁以及自然或人为刺激通过各种扰乱心神、破坏其统一性引起的兴奋之间，有着根本区别，即使是那些最热情和狂暴的艺术作品。与席卷人类意识的酒神式谵妄形成鲜明对比的是，艺术的影响增强了重要的张力，加快了脉搏，使感官、思想和欲望变得更加敏锐、充满活力，同时仍保持其生发力量。它的作用是提升、组织和统一。通过这个过程形成的以和谐组织为标志的灵魂群体，不同于在人群中、在公共会议上以及在兴奋、激情和带有情绪的影响下表现出来的心理现象。一个雄辩的政治演说家可以成为整个强大精神共振系统的中心，从而在身边的精神介质中创造出某种统一。但是在同质化的人群中，个体间的区别就消失了。个人在精神洪流中被带走，没有坚持自己，没有获得只有艺术才能赋予的优越组织和形式。因此，艺术不同于所有类型的魔法和公共表现形式。艺术对物质和精神世界产生特定和积极影响的先决条件是什么？艺术是美的实现，是"神性的美妙形象"。艺术给事物留下了统一的印象。音乐、诗歌或绘画的艺术作品是神在物质中的反映。我们在这些观点中听到了古代美学的回声，这种美学可以追溯到普罗提诺，更远可以到柏拉图。但是通过假设艺术的积极力量，斯克里亚宾在这些历史先例中引入了一个全新的元素。

根据斯克里亚宾的说法，艺术是一种对人的灵魂和身体产生积极影响的洗礼。任何美学上有效的艺术作品都不能被比作黑弥撒（Black Mass），即使是像李斯特的《梅菲斯特圆舞曲》那样揭示出明显的恶魔或撒旦特征的艺术作品。在艺术的蒸馏器中，黑弥撒一定会转化为白弥撒。这样的转变也是艺术净化的前提，这是一种积极的现象，无论是什么作品的主题引起的，是否呈现出病态的图景、煽动恐怖或色情场景以激发欲望。如果艺术净化没有发生，要么是因为观众和听众未能欣赏对现实的艺术诠释，要么是因为艺术家本人，比如他缺乏改变现实的直觉力或技术，或者他过于沉迷现实表象，从而抑制了他改变生活某些方面的能力，尤其是那些具有情色性质的方面。从这些角度考虑，像斯克里亚宾的《第九钢琴奏鸣曲》这样的作品的神秘内涵就变得清晰起来。它的音乐通过将和谐、秩序和形式引入灵魂的最深处来改变人的形象。它驱散了黑暗和邪恶的力量——斯克里亚宾认为它们是客观存在的——并迫使它们呈现出神性的形象，从而剥夺了它们的邪毒力量，并将它们提升到更高层的存在状态。

在斯克里亚宾的神智学宇宙论中，超绝者将自身撕裂并分解为统一而又多元的相关联的外在景观，但在艺术之美中保留其原始的统一性，这体现了对神的记忆，并期待着神回归具体现实。我们将美的属性赋予保留这种统一记忆之物。艺术对自然、静物和生物的影响增强了它们的积极品质并赋予它们神性。但艺术家的任务不在于创造美丽的物体，在惰性物中折射出神的形象，而在于使这些物体能够在宇宙和人类中留下深刻的印象。艺术的必要性是人类无法像上帝一样直接作用于世界以增强其组织性的结果。因此，他不得不采取一种曲折的行动，将他的精力集中在一个特定的时空点上，从而成为一个活跃的中心，一个发射站，一个能量储存器，为艺术创作的最终目标服务。

每一个具体的现象要么是精神的物质化，要么是物质的精神化的结果。精神和物质在一个现象中越接近、越紧密地融合在一起，它们的极性就越强烈。至此，我们已经翻过了最高峰，到达了最后一个边界。从这里开始，通过精神的去物质化和物质的去精神化，这条路不可避免地会回到绝对的一体；精神和物质的极性和特殊性会逐渐减弱，直到它们最终重聚。艺术家在这个过程中的角色是摩奴期的神圣代理人。艺术创作力继续着宇宙创造力的工作。

在一个以二律背反的下降、分化、增殖、分解和强化为特征的进化过程中，以统一为目标的创造性艺术家，充当了保守、约束和调节的代理人。在一个趋向于原子化和最大异质性的世界中，他保留了独特的形象，一种关于绝对统一的记忆，并通过将这种形象刻在物质上，维持个体的相互联系。

一个截然相反的任务，在趋向于绝对的统一的退化、上升和整合的过程中，摆在艺术家面前。但在这个角色中，他仍然是一个调节剂。在分化的过程中，他努力维护具体统一的原则，在整合的反向过程中，他贡献了多样和特定的元素。然而，沉思一件艺术品所唤起的心灵绽放并不是无形的异质性的表现，而是一种和谐的强化、扩展和多样化，这产生了一种形式上的完美。这种观点认为，美感提供了救赎世界的钥匙。在进化过程中，它排除了分解成无数互不相容元素的可能；在退化过程中，它防止了混沌同质的断续分布。但是，这种下降到虚无，即下降到超绝者，不正构成了宇宙进程的目标吗？是的，但这种重逢必须是自由选择的；它必须通过意识完成，只能通过艺术来实现。

全方位艺术

《天启秘境》的艺术设计有两个基本理念：综合所有艺术，以及将美学领域之外的元素纳入艺术领域。正如我之前指出的，所有艺术内在的和基因上的统一的理论，源于斯克里亚宾自己的直觉经验。对他来说，声音与颜色、图像或概念从未分开。这种统一是他的全能艺术学说的基础，逐渐分化为音乐、舞蹈、绘画和造型艺术的类别。斯克里亚宾在这里受到了瓦格纳的影响。但他从未试图重建古代实践中所有艺术的统一性，因为这种原始的统一性仅仅反映了全能艺术各个分支的相对薄弱的发展。这些元素的繁茂成长和绽放，是基于它们的分化，由此，声音、色彩和表演逐渐独立地演变成不同的艺术。在历史的开端处，人类只知道一种早期的全能艺术，其中各种元素形成了视觉、听觉和表演感觉的混乱组织。根据斯克里亚宾的说法，这个古老的全能艺术时期的记忆在古希腊戏剧中幸存下来，其中音乐、诗歌和舞蹈艺术密切相关，以至于任何一个都不能与其他艺术分开又不失其独立有效性。这种平行性是从原始的、未分化的、不连贯的统一中出现的不同艺术的总和，代表了创造一门全方位艺术的最初尝试，一种旨在恢复记忆中的统一，同时独立发展每种艺术的尝试。但是每一种艺术的分化过程变得如此迅速，以至于对最初统一的记忆最终消失了。

最符合恢复艺术原始统一的尝试是瓦格纳的歌剧改革，理论家们否认了它，但创造性艺术家们以种种形式肯定了这一点。然而，尽管斯克里亚宾承认瓦格纳的天才，他拒绝瓦格纳通过并行发展将艺术综合起来的方法。斯克里亚宾坚持认为，这不是我们的艺术本能所要求的统一之路。我们绝不能回溯过去。

是什么力量引导一位艺术家渴望将那些彼此之间有着看似不可逾越之障碍的单独艺术门类统一起来？引导他的不仅是对它们原初组合的记忆，对它们本质上的统一性的认识也日益增强——认识到一件艺术作品必须代表一个特定的实体，其中某个方面以清晰的轮廓被勾勒出来，无论是音乐还是绘画，并且是以牺牲所有其他艺术为代价的，尽管它们可能是其中固有的。创造性艺术家的问题在于实现所有艺术的潜力，同时保留偏爱单一艺术的权利。在进行综合之前，他必须追求分析路径。根据这种似乎是唯一正确的方法，我们永远不会达成简单的平行，各种艺术的单纯总和，纯粹机械的和外在的统一——这是瓦格纳追随者努力探索历史的必然结果，他们寻求所有艺术的统一，并努力通过重新组装其被肢解的成分来恢复它。瓦格纳宣扬全方位艺术的教条，但他没有意识到这样的综合必须先对预先存在的实体进行直观的分析。尽管如此，瓦格纳的艺术平行原则为实现艺术综合提供了一个工作模式。斯克里亚宾扩展了这个公式并推广了它的应用，将瓦格纳的原理视为一个特例。斯克里亚宾认为，全方位艺术是单个艺术的一种对位。诚然，斯克里亚宾对瓦格纳的全方位艺术概念很着迷，但他避免使用这个术语，因为它似乎意味着通过机械求和或并置来统一异质元素。在晚年，斯克里亚宾强调了听觉、视觉和表演元素的复合艺术的理想。在这个配方中，全方位艺术包含了异质成分的所有可能组合。斯克里亚宾认为这个模式的主要优点是它的灵活性和普适性，保护艺术家免受无法逃脱的瓦格纳形式主义的危险。

独立艺术种类的对位在于它们的自由联想。但这种关联的性质无法事先确定；它是在艺术发明的过程中自发产生的。有创造力的艺术家不能接受预置理论所施加的限制，他必须完全自由。最简单的公式当然是瓦格纳提出的平行结构，言行伴随着音乐，统一的内容在两条平行线上演化，就像两条水流并排流动，但从不交汇。这种表面平行的例子非常罕见。通常，艺术作品的组织呈现出更复杂的设计。一段语言序列可能会被一段音乐插曲打断；一首诗可以用一个手势来结束，一个视觉场景可以用一个和弦来结束。一首交响曲，代表单一的艺术，即音乐，可以说是整体的和谐，因为它的声音系统，无论怎么多样化，都只是全方位艺术的一个组成部分。瓦格纳在他的乐剧中将这种交响元素与诗歌文本元素结合。在这里，我们发现了一个复杂的复调艺术的雏形，在斯克里亚宾的设计中，它是要在《天启秘境》中实现的，而在《序幕》中已经得到发展。平行性的狭义模式源于独立艺术的内在异质性的论点，而复调组合的自由模式则依赖于对全方位艺术所有元素的内在同质性的实现。从某种意义上说，在后者当中，语言表达也是一种颜色、一种举止、一个动作或者一个和弦。

以诗歌、音乐、绘画、雕塑和舞蹈为代表的众多艺术分支作为对位的声部，这样的复调设计自然使创造工作的问题变得极其复杂。斯克里亚宾完全理解他在《天启秘境》中所承担任务的重要性，即体现这种艺术的对位。他向我们解释说，他计划先写文本，然后写音乐，然后逐段勾勒场面，规划舞蹈，设计布景，等等。所有这些成分都必须同时协调，每个组成部分的艺术都反映了整个构图的相应方面。换句话说，《天启秘境》必须像管弦乐谱一样写成，作曲家在他的审美意识和技术知识的指导下分配各部乐器。在《天启秘境》中，单个艺术被视为复调作品中的对位声部。斯克里亚宾开始尝试艺术的对位，起初有点尴尬，那是在《序幕》中。但在这部作品中，他不得不着重处理两个组成部分——文字和音乐——而其他成分则暂时搁置了。

感官的统一

《天启秘境》的对位组织变得非常复杂，包括了所谓的下层的有机感觉——触觉、味觉和嗅觉。从传统美学的角度来看，他的宏伟设计注定要失败，因为触觉、味觉和嗅觉，与听觉和视觉有着根本的不同。它们不能被组织、分级、排列或以其他方式系统化，任何这样做的尝试都会产生大量不连贯的印象。触觉、味觉和嗅觉的特殊属性，阻止了它们被整合到类似于出自视觉和听觉的系统中。但对斯克里亚宾来说，这些属性本质上与包含所有感官的原始统一的全能艺术的想法并不矛盾。除了视觉和听觉之外，有机感官的系统化是不可行的，这仅表明它们偶然地未能在发展过程中演变为一门艺术。斯克里亚宾认为这种排斥并非不可避免，因为在创作过程中所有感官都参与其中。通过直观的理解，他为心理学理论提供了支持，即从原始的、未分化的生命感觉中推断出所有的感觉，这种感觉既不是视觉的，也不是触觉和听觉的，而是在进化过程中细分为特定的感觉。

对古人来说，艺术通过精神和物质的形式组织来表达一种美感。这种原始艺术包含了所有的感官，促进了心智的蓬勃发展。得到艺术性发展的感官催生了不同的艺术分支，而其他不具备这种能力的感官则一直贫瘠。结果，人们对最初的艺术集合的记忆消失了，只保留在那些能够识别和分析自己的直觉沉思对象的人的脑海中。这就是为什么将触觉、味觉和嗅觉融入艺术作品的想法对大多数艺术家来说是陌生的，他们会觉得这是一个荒谬悖论。

当然，斯克里亚宾从来没有认真地考虑过创作基于嗅觉或触觉的艺术作品。然而必须承认，斯克里亚宾本人通过滔滔不绝地谈论香水和爱抚的交响曲，为这些神话的传播做出了贡献，而《天启秘境》也将包括这些。显然，他设想了一个完全不同的维度。他打算将气味、触觉和味觉引入《天启秘境》，与音乐、绘画、造型和诗歌元素交织在一起。一旦这些过去的全方位艺术的组成部分恢复它们的统一性，这些无法自主发展的元素也将随即复活。

总而言之：口述是和谐、姿态和色彩；它也是气味、口感和爱抚。将所有感官都包含在《天启秘境》的复调中是为了尽可能丰富它。它的结构被分为声音、颜色、表演、气味和触觉等。当然，这并不意味着所有这些元素会同时发生。但就像在赋格中，某些声音有时候是无声的，所以气味和口感的接续可以随意中断或者恢复。

斯克里亚宾特别重视气味，因为众所周知，嗅觉会形成许多强烈、复杂和暗示性的心理联系。对他来说同样重要的是触摸的感觉，或者他喜欢称为带有明显情色含义的爱抚。然而，味觉被包括在《天启秘境》中主要是为了完整性、形式完美和逻辑一致。

在《天启秘境》的设计中，斯克里亚宾明确指出艺术只是一种媒介，是提升到更高级状态所必需的工具。换句话说，他让艺术从属于生活。低等的感官有特殊性，它们不适合归类，也丧失了在审美对象判断中的价值，审美对象必须始终自洽和完全独立，凭借自身的存在排除任何无关的侵入。但斯克里亚宾是通过它作为一种媒介来提升到新的、更完美的存在层面的能力衡量艺术价值的。这就是为什么他被迫将低级感官的印象放入《天启秘境》的图景中，无论多么散乱，这些感觉比音乐、文字或色彩更容易扰乱心灵。当谨慎地使用它们并结合声音、手势或颜色时，它们还能够通过强化、激发其能量加深、强化心灵的张力。

原始语言

在实现《天启秘境》作为一种真正普遍的行为时，使用单一语言，即使是世界上最常用的语言，如英语或法语，对斯克里亚宾来说似乎不合适。特定语言表达了创造它的民族的特定精神，并带有许多历史内涵，因此缺乏斯克里亚宾急切追求的普适品质。此外，当代语言在演变过程中已经变得抽象，失去了古代词源的精确度。

在遥远的古代，人类的言语中充满了具体的形象，它是生动的。语言元素仍然是原始综合的一部分，情绪张力极高。

言语，与动作和音乐密不可分，深深影响并激发了人们的精神。然而，现代语言已经退化为一个由标志和抽象符号组成的系统。它们已经失去了与真实对象的联系，可以和任何其他媒介互换，这无疑为抽象、精确的科学语言提供了便利。因此，最近出现了对人造语汇的实验，与鲜活的语言相比，新造词富有逻辑性而且简单。斯克里亚宾敦促回归语言的自然源泉，回归歌唱和音乐，以便找回与材料对象本质直接联系的活生生的词。

一次，斯克里亚宾对梵语产生了兴趣。根据流行的观点，梵语是原始的雅利安语。他甚至买了一本梵文语法书开始学习，但很快就放弃了，因为他意识到这需要太多时间。此外，他认为梵文尽管很古老，但已经过于发达，因此无法提供语言起源的线索。在他去世前不久，他宣称："我可能必须为我的作品创造自己的语言，让自己沉浸在音乐和舞蹈的精神中。现代语言太死板，太固定；当务之急是要恢复口语的原始轻盈，使其更流畅、更柔顺，以强化其歌唱的品质。梵文可能是一个中间阶段，但我们必须更深入地研究语言的根源。"

难以实现的统一

斯克里亚宾的《天启秘境》是由视觉、听觉、触觉、动作、嗅觉和味觉等成分组成的全方位艺术的统一作品。它的组织分析起来可分为独立但紧密相连的部分，其中包括音乐、诗歌和造型部分，构成了由宏伟建筑、颜色、形式、动作和身体接触组成的宏伟系统。但是这些成分中没有一个具有自洽的有效性，没有一个可以独立于其他部分来执行或评估。

像所有的艺术品一样，《天启秘境》在时间和空间上创造了一种美妙形式，它将统一的本质，即神的形象烙印在物质上。理想情况下，作品会体现最完美的物质组织，它不断地分解重组，永远被互相干扰的流动骚动；从这个断续的物质中，《天启秘境》会成为一个和谐的系统，一个位于海洋中央的岛屿。然而，这个系统本身并非目标。它的重要性是通过它在所有存在层面上影响周围媒介、精神和物质的能力来衡量的，从而朝着积极的方向前进，促进它们绽放，并留下超绝者的形象。传统艺术作品与《天启秘境》的区别仅在于其影响的程度和力量。根据斯克里亚宾喜欢引用的黑格尔的推论，这里的量变积累成了质变。在《天启秘境》诞生之前，一件艺术品的影响只能短暂维持，无法保护心灵免于混乱。这些艺术现象赋予精神和物质世界的统一感必然是不稳定的，因为它未能全面拥抱宇宙。听者和观众在音乐厅或博物馆，目睹天才杰作时所经历的狂喜时刻，在时间和空间的框架中回归现实时，总是让位于疲倦。但是，在《天启秘境》诞生之后，用斯克里亚宾的话来说，它的参与者将作为超绝者的自由之子"在天堂中醒来"。《天启秘境》因此成为宇宙绽放的焦点，并在宇宙中烙下统一的属性。这部作品的目的是让世界变得美丽，赋予它审美价值，并永远改变它。《天启秘境》的创造者并没有被分配到时空世界的某个特定点，而是直接或间接地与整个存在的天体进行交流。

尽管这个设计很宏伟，但根据斯克里亚宾的美学体系，它的实现似乎是完全可能的。主要问题是创造方式。在这里，每个表演者都成为影响所有其他表演者的力量焦点，因此所产生影响的累积能量与参与者的数量成正比。精确的数学计算当然是不可能的，但是可以说随着参加者人数的增加，整个系统的能量也会呈几何级数增加。创作者对听众施加影响（假设动作本质上是音乐性的），受到他们的相互影响，在这个过程中诞生的集体灵魂，无论是在音乐厅还是在剧院，都代表着所有参与的个体心灵能量整体提升到自身的n次方。

* * *

一件艺术品对公众的影响可以用什么标准来衡量呢？它可以通过实现艺术之美的程度来衡量，换句话说，可以通过其审美价值来衡量。由此可见，斯克里亚宾的《天启秘境》的魔力对整个自然所产生的影响，包括有生命和无生命的，一定会无限超越瓦格纳的《帕西法尔》。但《天启秘境》之所以表现出更大的审美价值，不仅仅是因为它的参与人数更多或持续时间更长，而是因为它的内部组织更加完善，艺术凝聚力更强，以及对于神圣印象的忠实传递。诚然，在斯克里亚宾的美学中，质的和量的方面从来没有调和过，但随着岁月的流逝，质的方面占据了主导地位。我记得斯克里亚宾谈到了全世界参与《天启秘境》的人数。后来他意识到这个绝妙想法不可能实现，但他对宏大设想强烈的偏执无法妥协。他不愿意考虑为一小撮志愿的牺牲者制作《天启秘境》。他的普适愿景要求大众全参与进来。

《天启秘境》给人的印象比最强的传统艺术作品还要深得多。这种预见是基于作品本身的审美价值（构成其质量方面）及其在时间和空间上的规制，同时考虑到参与者的数量及其组成部分的复杂性和多样性（构成其数量方面）。

斯克里亚宾从宇宙和人类起源的角度将《天启秘境》的主题设想为世界的历史，人类的进化不是一系列外部事件，而是精神的逐渐物质化，并浸入物质中。

但是这必须同时是一部个体心灵的历史。心理学在这里变成了宇宙学，反之亦然。《天启秘境》向我们展示了宇宙、人类和个体的进化；三者都经历了从非延续的同质性到特定的多样性的轨迹，最终回到原始的统一性。这段历史将在《天启秘境》中上演。根据布拉瓦茨基夫人的学说中的人类种族数量，《天启秘境》被分为七个部分。每个部分的表演要占据一整天，整个《天启秘境》要持续七天或者七天的倍数。演出之前要进行一系列与古代净化仪式相对应的"预备行为"。这些行为包括对参与者的身体、道德、审美、宗教和哲学训练，还包括美化演出所在地的景观，并建造庙堂。

斯克里亚宾对《天启秘境》的地理位置也有明确的想法。它将在印度，在被普遍认为是人类摇篮的北部山区，或者在半岛的南部热带地区。后来他不再指定一个明确的地理位置，因为他的宏伟设计已经超出了陆地边界。他满足于一个普遍的指示，"要在热带环境中"。他的寺庙项目经历了类似的非物质化过程。在1903—1906年间，斯克里亚宾对这座寺庙有明确的设想，那是一座巨大的圆形建筑，顶部有一个高耸圆顶。他甚至留下了一些建筑设计的图纸，其中包括一个被水包围的半球，这样它的反射就会产生一个完整的球体的视觉印象。他计划在寺庙周围建造梯田花园。在私下交谈时，斯克里亚宾让他的想象力自由驰骋，他设想将一组建筑物放置在森林中间，形成一个错综复杂的性符号。景观本身将成为《天启秘境》的一部分，工人和建设者自己将成为创作的参与者。最终，斯克里亚宾放弃了该项目外部方面的具体指示，尽管他还在谈论一座或几座面积广大的寺庙。

斯克里亚宾最雄心勃勃的计划之一是自然本身的艺术塑造，它每天的明暗变化、森林的噪音、鸟儿的歌声和头顶的星辰运动。他拒绝人工的舞台。夜晚的天空，树林的芬芳，将成为《天启秘境》乐谱中色彩、形状和气味的交响乐不可或缺的一部分。

斯克里亚宾的设计包括不断变化的建筑形式（即使是最美建筑的一成不变也让他压抑）。为了实现这种"建筑舞动"，正如斯克里亚宾所说，他设想对建筑进行特殊投影，以产生发光的海市蜃楼。他还想象了香雾缭绕的帘幕，通过以一定角度光的照射，一炷炷透明的清香清晰可见，直升天空。最重要的是，他希望万物都在浮动，克服重力，这样没有一块石头会因为它的惰性而破坏让整个世界舞动的普遍喜悦。着迷于自己的想象，他曾经脱口而出："在最后一刻，可能有必要摧毁寺庙，拆除它的墙壁，来到户外，在苍穹之下。"

《天启秘境》的参与者的任务是使自己认同神智学学说中七个种族相应的特殊状态。有些人被设想为体现利莫里亚人（Lemurian，布拉瓦茨基夫人学说中的第三个种族）或亚特兰特人（Atlant，第四个种族）的内在面向。《天启秘境》的第五天对应于我们自己种族的时间。在那一天，声音、颜色、动作、形式和爱抚的交响乐将被提升到尽可能自发的状态，最完美的设计，最终融合在一个没有实体的、幻影般的海市蜃楼中。

借助全方位艺术的法术，《天启秘境》将人类带回原初状态。但这不仅仅是对过去的回顾。这将是一种启迪，一种变形，以便参与者将自己与他们遥远的祖先进行认同，为他们的过去注入美感，并赋予它统一感、更宏大的组织和完美的知觉。如此一来，过去将通过其在《天启秘境》中的重组而进入更高的存在状态，艺术的力量将到达最遥远的古代，每一个连续的阶段都渗透着神性的精神。至于升天的阶段，则被投射到未来。借助艺术的神奇力量，人类可以在最短的时间内通过第六和第七种族的阶段，依次轮回，而相应的精神和物质存在状态将被美点亮。轮回的最初几天是投射已灭绝种族的理想化和变形图景。最后的两个种族将在第六天和第七天以合一的形式显露出来。人类的精神、身体和整个大自然，都会在下降和上升的交替中概括它们的宇宙轮回。这些轮回将在美的王国达到顶峰，由声音、颜色、形式、可塑举动、爱抚和香氛艺术的强大影响拉开序幕。这将是七天的至高神显，实现世界的彻底改变。

戏剧还是仪式？

问题出现了：这种对过去的复活和对未来的洞见，不正具有斯克里亚宾如此强烈反对的戏剧表演的特征吗？答案是否定的。在《天启秘境》中，不存在演员或被动接受的听众和观众；它的参与者——从主角到气味、灯光交响曲中的每一位艺术家——所有人都无一例外，不仅要执行他们作为表演主体的指定任务，还要对作为他们自己表演对象的其他演员的表演作出反应。歌手、音乐家和舞者在彼此互动中，将达到更高的存在状态，同时接受香气、爱抚交响乐在他们身上引发的感觉。《天启秘境》的参与者不是演员，而是神显圣事的信徒，这是一种礼拜行为，他们的肉体和灵魂将经历变形的奇迹。这种圣餐不能被称为戏剧作品，就像宗教仪式一样，虔诚的祝圣者将自己认同为进行不流血的牺牲的牧师以及祈祷中的合唱者。

在斯克里亚宾设想的圣礼中，变形的礼物不仅是给直接参与者的，也是给所有知道这一事件的人的，即使他们实际上并没有参加。斯克里亚宾意识到，即使在他宏伟的设计中，也不可能有强制出席的问题，因为神秘的活动范围虽然会发生在时间和空间的某个点，但实际上会包含整个宇宙，以及数以百万计的人。人们会在精神上参与，即使他们在身体上相距很远。斯克里亚宾将人类比作人体，人体的器官在参与整个身体的生命过程中发挥着特定的功能。在我们最后一次谈话中，斯克里亚宾扩大了这个比喻，告诉我，他的神殿将成为一座宏伟的祭坛，是表演的焦点，是一个祭祀场所。真正的圣殿是地球本身。在巨大的哥特式教堂里，礼拜者成群结队，挤满了门口和侧殿；他们从远处聆听牧师的声音和合唱团的歌声，从远处观看摇曳的蜡烛。然而，在他们的祈祷中，他们是神圣服务的真正庆祝者。因此，全人类都将参与到神秘活动中，这将成为一种真正的公共行为，不仅因为表演者人数众多，而且因为它的品质和交流精神。

斯克里亚宾在《天启秘境》中为自己分配了什么角色？鉴于斯克里亚宾关于这个话题的发言模棱两可，很难给出明确的答案。随着岁月流逝，他倾向于减少而不是增加他在其中的作用。在他的唯我论时期，在他创作歌剧的时候，他将自己置于《天启秘境》的中心，主要视其为个人行为。但早在1907年，他的观点就有了重大修改。他谈到了吸引广大群众见证的重要性，并强调群众应自发加入表演，听从爱的号角。他满足于发挥精神引导的作用。"暴风雨已经开始了，"他常说，"运动将迅速发展。"随着关于他的项目的谣言传播开来，他抱怨说找不到有同情心的盟友。"我需要支持，"他哀叹道，"我不能独自完成所有工作。人们必须认识到《天启秘境》的普遍重要性。它的成功对全人类至关重要，而不仅仅是为了我个人的满足。"如果在早期，他倾向于将人类视为他将给予祝礼的素材，后来宣称人类的拯救和变形必须得到普遍的关注，如果他不唤醒人们对天父的爱的记忆，以及与他重聚的渴望，那么《天启秘境》的实现将无限期推迟。

斯克里亚宾经常想象自己站在一座神殿的祭坛上，扮演执行圣体圣事的大祭司，或者作为老师、教育者和《天启秘境》的最高领袖主持最后的仪式，并得到虔诚信徒的帮助。然而，在他生命的尽头，斯克里亚宾不再专注于自己的角色。对他来说唯一重要的是行动本身，他愿意融入其中。

难以言喻的结局

根据斯克里亚宾的早期设计，《天启秘境》会在宇宙大火中达到高潮，这将引发世界末日。戏剧表演的元素在之后才消失。最终斯克里亚宾放弃了创作《天启秘境》结局的所有计划，因为在他的期望中，这个结局将标志着世界的终结和上帝的复活。显然，他无法描述这个目的，但它将使人类在超绝者中重新团聚，而它的订立将委托给一个新的、变形的人，一个在圣餐中的庆祝者。因此，《天启秘境》的结局将在其实际表演中确定。第七天（当然，象征着人类历史时期的日子）将是最后一天，在此期间，人与自然将最接近超绝者，被全方位艺术的魔力提升。他们实际上会变形：升华，如同大海一样深不可测，将达到可以想象的最大强度；精神和物质，从它们的锁链中解放出来，将接近虚无，男性和女性原则的极性将下降到消失。宇宙将被抛入阳光照耀的狂喜深渊。在那一刻，宇宙意识会爆发出对超绝者的理解。人类将体验到臣服的自由，并意识到它的神圣和牺牲本质。但是，只要人是自由而有意识的，仍然具有多样性，天父的降临就不会发生。艺术完成了它的使命；美的创造完成了，世界充满了神的形象。第七日结束；《天启秘境》将人类和整个宇宙带到了死亡的门槛。不可言喻的东西是在人对上帝的爱的臣服中到来的；一种蒙福的沉浸在上帝中，即与上帝的融合发生了，现在他复活并亲切接纳他的子民们。摩奴期即将完成。

近乎亵渎的设计

斯克里亚宾的设计，宏伟壮观，超越了所有先例，其大胆近乎亵渎。它赢得了钦佩，但也引起了惊奇和怀疑。这是一个庄严、奇怪，也许是疯狂的设计，也许无法实施，但不知何故立即可以理解，能够用爱点燃人心，让他们陶醉。《天启秘境》可能是所有梦想中最难以实现的，但它也是对人类力量最自豪的肯定——挑战不是为了自我膨胀，而是本着谦逊的精神，作为牺牲和全然臣服，是对生命的赞歌，也是对死亡的颂扬。

显然，斯克里亚宾神秘主义背后的哲学，并不容易在当代宗教和哲学的专家中找到支持者。充其量他们会认为这是一个没有实质内容的空想，一个崇高但危险的误导性计划。的确，斯克里亚宾的观念与当前的学说格格不入，尽管他的反对者可能同情他，也许暗中钦佩他。唯物主义者、实证主义者、康德主义者、神秘主义者、神智学学者、正统基督徒——都有理由对斯克里亚宾的言论持敌对态度，事实上他们确实如此。但他们责备的结果是什么？它进一步孤立了斯克里亚宾的立场，导致他的哲学更强烈地个性化，也阻碍了通往其内在意义的所有途径。从科学的角度来看，斯克里亚宾的《天启秘境》是愚蠢的。对于正统的基督徒来说，这是亵渎；对于康德的追随者来说，这是幼稚的教条主义。至于神秘主义者和神智学学者，他们从斯克里亚宾的宏伟设计中认识到，这是一种在海市蜃楼的回廊中迷失的天赋异禀、强大但不守纪律的灵魂的果实。斯克里亚宾的反对者表面上的批判态度，只是证实了他既不是神智学学者也不是实证主义者，既不是新康德派也不是正统基督徒的公认事实。

无论对手的个人信念如何，对斯克里亚宾的立场进行严正批评是没用的。唯一有目的的探究方法，是公正地分析斯克里亚宾哲学的渊源及它与其他学说的关系。这是本书的目标。

通常人们对待《天启秘境》最简单的做法，是将其整体看成是一个好奇而异想天开的魂灵；致力于研究斯克里亚宾的艺术，欣赏他的音乐作品，并将他的哲学思考归咎于个人偏差。我们记得批评者对于托尔斯泰的非正统宗教哲学也采取了类似的态度，他们更喜欢剖析天才的个性，表达对小说家的钦佩，并且羞辱那些道德卫士。但斯克里亚宾的性格比托尔斯泰还要复杂，根本不可能对他进行类似的剖析，因为他的整个艺术都是"神秘的"。他所有的作品对他来说都是对《天启秘境》的初步接近，一系列的近似。分开考察他的音乐和他的哲学是无法协调的。

通过将斯克里亚宾的《天启秘境》与其他天才创作进行比较，我并不是要暗示他在某些方面都受到他者的影响。即使存在影响，也无法影响他的基本设计。但可能存在与其他哲学学说的联系，思想的平行性常常导致两个外部学说之间偶然的相似之处。就好像这些学说本来是在不同的平面上相通的，同根同干，却又各自独立发展，失去了共同起源的踪迹。在没有所有可确定的联系和相互作用的情况下，这种密切的平行关系具有深远的意义，因为它表明给定的宗教、哲学或艺术现象不是偶然的，是外部因素机缘巧合的结果，也不是特定于个人；相反，它是人类思想潮流的一部分，内生于一种绝对可识别的精神趋势。

人是创造者

综上分析，《天启秘境》揭示了两个基本问题：第一，相信人类作为受膏的、神圣劳作的延续者，具有无限的创造力；其次，相信通过艺术实现的宇宙狂喜是迫在眉睫和必然的。

早在一代人之前，一位名叫费奥多罗夫（Fyodorov）的默默无闻的俄罗斯天才哲学家，就表达了对人类神奇力量的信念。斯克里亚宾从来不知道费奥多罗夫的存在，但他们的想法却非常相似。费奥多罗夫以严格的正统基督教立场为出发点，宣扬人的神性学说，并假定人对救赎和变形负有责任。他还宣称人类对自然的无意识力量。根据费奥多罗夫的说法，人类的目标是一代又一代地复活祖先，彻底战胜死亡，在人类自身力量改造的地球上获得永生。费奥多罗夫的目标与斯克里亚宾不同，但这位俄罗斯哲学家希望达成的方法是相似的。费奥多罗夫深信艺术起源于魔法，并且和斯克里亚宾一样，他努力通过科学论证来证明自己的信念。对于费奥多罗夫和斯克里亚宾来说，艺术是一种激活媒介，一种神秘的技术。两者都将艺术视为一种实用工具。事实上，费奥多罗夫的神秘学说就充满了这种实践意义，甚至可能比斯克里亚宾还要丰富。费奥多罗夫的著作《共通行为的哲学》（*Philosophy of Common Action*）中的宗教和哲学，实质上构成了一种卓越的技术。费奥多罗夫将科学等同于艺术，他在寻找通过科学改变世界和人的方法。因此，在斯克里亚宾和费奥多罗夫的推论中，在表面上合乎逻辑和科学的表述中，无限宏大和奇妙的元素，与丰富的细节有着非凡而令人困惑的混合。费奥多罗夫的设计大胆而宏伟，与斯克里亚宾对人类命运和世界末日的愿景相得益彰。但费奥多罗夫的神秘性源于血缘关系，这对斯克里亚宾来说是完全陌生的概念。在费奥多罗夫想要战胜他认为最大邪恶即死亡的愿望中，有一种对世界、对人类、对所有生物的深刻、温暖、孩子般的依恋。他希望通过让肉体脱离腐坏，即脱离邪恶来实现救赎。斯克里亚宾的渴望源于地球上的众生；他的思想既实用又超凡，因为他永远在寻找未知的、新的事物。两位哲学家之间还有一个重要区别：费奥多罗夫期望世界的救赎由后代完成；他在现实面前虚怀若谷，从不奢望目睹人类的蜕变。另一边，斯克里亚宾希望参与这场世界末日的行动。如果斯克里亚宾认识费奥多罗夫，他可能会拒斥费奥多罗夫的通灵术、他对肉体的神秘观、对过去的崇拜以及对他尘世祖先的忠诚。然而对于那些熟悉费奥多罗夫和斯克里亚宾信条的人来说，他们的内在血脉关系是清楚的。

斯克里亚宾去世大约一年后，俄罗斯哲学家尼古拉·别尔嘉耶夫出版了他的著作《创造力的意义》，副标题为"论人的辩护"。这本书的出现是个时代征兆；它的指导思想是将人神化为神圣创造行为的参与者。别尔嘉耶夫写道，上帝需要人，在上帝的工作中，人是不可缺少的。在这里，我们遇到了一种"人是上帝般的创造者"的想法。别尔嘉耶夫的书将他多年前发展的思想具体化。斯克里亚宾和别尔嘉耶夫虽然私交甚熟，但对彼此的想法知之甚少，不可能相互影响。不过哲学家和音乐家达成了相同观念，即人通过艺术得到救赎，人是创造者，人的神性不是来自恩典，而是来自本体的灵性。别尔嘉耶夫反对所有形式的上帝内化的教义，尤其是印度教。他假定上帝超越人类，这个概念给斯克里亚宾留下了既深刻又荒谬的印象。但是别尔嘉耶夫与印度教的论争并没有掩盖他对上帝内化的深刻认识。他引用了福利尼奥的圣安吉拉的话："我看到了三位一体，看到自己在十字架上。"这个令人敬畏的证言很可能是别尔嘉耶夫著作的点题，同样的神秘景象也对应于斯克里亚宾对如神之人的信仰。尽管圣安吉拉的话反映了她的一些想法，但这种亵渎神明可能会让费奥多罗夫感到恐惧。费奥多罗夫、别尔嘉耶夫及斯克里亚宾的人类学观点在这里被简化为神学。然而斯克里亚宾在他关于人类牺牲以创造上帝的信条中更为直接而坦率，而费奥多罗夫和别尔嘉耶夫将上帝的工作分配给人类，却留下了将人与上帝隔开的鸿沟。

所有关于人的神性的信仰，无论其当前形势如何，无论是神秘的宗教信仰还是生物学的实证主义，都可以追溯到陀思妥耶夫斯基和尼采。陀思妥耶夫斯基熟悉费奥多罗夫的著作，他在一封信中，曾热情地评论说这位俄罗斯哲学家的观点与他自己相近。斯克里亚宾也与陀思妥耶夫斯基有血脉关系。他特别喜欢《群魔》中的神秘主义自杀者基里洛夫。

尼采，特别是在他的最后阶段（以《反基督者》为代表）对别尔嘉耶夫的影响是非常大的。他们的想法不谋而合：人类的救赎只能通过艺术来实现。对于斯克里亚宾来说，人类的精髓也即创造力，就像在尼采那里一样，创造力吸收了所有其他属性。斯克里亚宾对尼采的态度是复杂的。他觉得与尼采有一种内在的亲缘关系，但这种联系是间接的，仿佛他们的哲学来自同一个根，却在不同的分支上绽放。别尔嘉耶夫直接吸收了尼采思想最深层次的精髓，斯克里亚宾只吸收了他的唯我论、非道德性以及超人学说的生物性方面，完全忽略了尼采的神秘品质。这并不奇怪，因为斯克里亚宾是在将神秘主义视为颓废症状的时候开始熟悉尼采的著作的。随着斯克里亚宾哲学敏锐度的增长，他逐渐纠正了对尼采的错误印象。事实上，斯克里亚宾在自己不知情的情况下，在另一个层面上接近了尼采。尼采认为人是价值的唯一创造者，在斯克里亚宾的哲学中，人成为新世界的造物主。但尼采笔下的超人给群众留下深刻印象，他订立法则操控人类命运，这在斯克里亚宾的建构中完全消失了。这个形象在斯克里亚宾的歌剧中短暂出现过，不过很快就在斯克里亚宾放弃对个性的关注转而投向普世命运时消失了。

斯克里亚宾激活性艺术学说的起源无法在尼采那里找到，尽管该学说可能源于尼采的神秘主义。别尔嘉耶夫在他的著作《创造力的意义》中涉及了这种推导的可能性，其中他对人类弥赛亚式使命的信仰引致了对艺术魔力的认可，尽管是谨慎的。在德国浪漫主义中也有类似的想法，尤其是诺瓦利斯的作品，但那时斯克里亚宾已经走上了通往俄耳甫斯主义的道路。对他和诺瓦利斯来说，俄耳甫斯主义不仅仅是一则诗意的童话，是对古代自然力量的纪念，也是一个引人入胜的文学讨论主题。诺瓦利斯从未有意识地寻找远古时期的酒神精神的遗迹，而是将他的兴趣转向了未来，即酒神崇拜。这就是诺瓦利斯和斯克里亚宾之间的本质区别，对斯克里亚宾来说，艺术的神奇力量是美的观念中固有的、一种经过验证的现象。还有另一个区别。斯克里亚宾试图为他关于艺术直接影响物质世界的论点找到一个合乎逻辑的表述，而诺瓦利斯没有这个观念。他们的最终目标也不同：对于诺瓦利斯来说，是自然和人类的变形，而对斯克里亚宾来说是与超绝者交流的方式，一种让自己沉浸在超绝者之中的渴望。然而，这些差异并没有掩盖诗人和音乐家之间的精神血缘关系，或者更广泛地说，斯克里亚宾的哲学和德国浪漫主义之间的精神血缘关系，这也是尼采的温床。既然没有任何直接影响的问题，尼采和斯克里亚宾之间的相似之处就更加显著了。

需要指出的是，浪漫的思想状态在历史上不同的表现形式，都是由同一个动力驱动的。正是在这种永恒的浪漫主义中，我们发现了人类弥赛亚式命运的起源，这是斯克里亚宾《天启秘境》的基础，它引向了狂喜恩赐的盛放。

印度式浪漫主义

判断一件艺术作品的浪漫或古典特征的可靠标准，在对文化的客观或主观态度中被发现了。古典艺术家将特定国家在特定时代积累的所有物质和精神实体的总和判断为一个本身具有重要意义的客观系统。对于古典主义者来说，所有创造性努力的产物都是形式化的；他们拥有自主的存在，产生自己的价值标准，并且完全靠自己来生存、进化。一旦与它们的创造者分离，它们就成为现实客观世界的一部分，并服从其规律，以至于它们的创造者开始在彼此之间感到陌生，并将它们视为自然对象。对于古典知识分子来说，文化世界与自然本身一样自主。因此，古典主义者将生活定位为价值实现、物质化、客观化的手段，赋予生活以特定意义。他努力组织生活，通过将其个体元素系统化来对抗生活难以捉摸的流动性、反复无常和无处不在的活力。他试图逃避直接的经验；在他的创造性努力中，他试图突破"绝对者"，他将其视为一个不动摇的实体，本身是静止的。致力于创造独立、不朽之物，古典主义者对生活的感知是超然的。他的理想是无法实现的，是一个封闭的、完美的、自洽的既已实现的价值体系，它没有空间给人类，这个体系的创造者。古典文化从根本上说是唯物主义的和静态的；其中存在着堕落为拜物主义和形式主义的危险。

对古典思维而言，文化世界虽然是由人制造的，却拥有与自然世界等价的客观现实。然而，对于浪漫思想者来说，人类创造力的产物本身并无价值。浪漫主义者对集体创造力的结晶形成的文化进行主观判断，仅在它有助于生命本身的意义并使其更加强烈、复杂、获益和多样化的情况下进行判断。完全沉浸在生活的洪流中，浪漫主义者拒绝承认生活领域之外的文化价值。他将由成品的系统所代表的文化恢复到其源头，恢复到生活，恢复到具体个人的主要创造力；他再次赋予它流动性、变通性。

古典主义的历程是从生活到文化；它将生活从属于文化，作为达到目的的手段。浪漫主义也以生活为出发点，但通过文化回归生活，丰富生活。浪漫的创造力归根结底是针对生活的；它是生命固有的。它的理想，也许是无法实现的，是绝对的创造力自由，创造者把玩他的作品并从中获得乐趣。浪漫文化是充满活力和革命性的；它独立于物质世界。但这种独立性伴随着退化为初始的贫瘠的危险。

既然现实世界中没有纯粹的类型，就不可能存在纯粹的浪漫文化。在最极端的情况下，浪漫主义和古典主义都会自我毁灭。纵观历史，这两种趋向的优势地位发生了很大波动。

我已经提到，斯克里亚宾对艺术的态度是典型的浪漫主义者。但我们在这里关心的不是作为个体，而是作为一个创造者的斯克里亚宾。的确，斯克里亚宾的创造力，正如《天启秘境》中所揭示的，是极其浪漫的。浪漫精神从未达到如此高尚的境界。《天启秘境》标志着浪漫文化的逻辑和心灵的极致。无法想象存在超越《天启秘境》的作品，因为它包含了全方位艺术的整个谱系。

斯克里亚宾半开玩笑半认真地称自己为真正的印度教教徒，因为他的精神上的祖国是印度。当然，创造性精神的任何本土化本质上都是错误的，但斯克里亚宾强调他与东方，尤其是与印度的内在亲缘关系是有道理的。古印度教文化在接受梵天崇拜并固定下来之前，绝对是浪漫的；即使在我们这个时代，印度也有一些浪漫主义的遗迹。印度教文化也有其古典特征，在一定时期内占主导地位，但浪漫风格最终表现出来，就像在东方其他文化中一样，中国和日本可能除外。这种浪漫主义解释了希腊罗马文化古典主义与古印度古典主义之间的根本区别。西方古代，在黄金时代的神话中表现得淋漓尽致，也有其浪漫元素。但古典风格的设计无疑主导了希腊、希腊化和罗马文化，强调他们所创价值观的客观性。

为了简明分类，可以说西方古代是古典主义的精神故土，印度是浪漫主义的灵魂归宿。事实上，在欧洲，对东方诗歌、哲学和宗教，尤其是对印度艺术掀起浪潮时，恰逢德国浪漫主义盛行。

斯克里亚宾与印度内在体系在哲学和宗教方面的亲近，不是他阅读神智学文字的结果，无论是布拉瓦茨基夫人的《神秘教义》，奥古斯特·巴特的《印度的宗教》，还是埃德温·阿诺德爵士的《亚洲之光》。相反，它表示某些共同的信念；因为肯定上帝内在于生命，肯定上帝是认知行为的知识主体，属于典型的浪漫主义思想。浪漫主义之神在某种意义上是一位浪漫的艺术家；他的造物没有客观的现实或价值，不能与作为自主存在的神明对立。然而，以古典思维来说，上帝超越了生命，而认知行为并不包括知识的对象。古典哲学之神是一位古典艺术家，他创造了具有自主价值的自圆其说的形象。

浪漫主义思维的内在品质，通常与唯意志论和物力论的心理学和形而上学联系在一起，这是斯克里亚宾个人哲学和印度教信条的特征。古代哲学的整体理性主义同样引人注目。至于浪漫的宗教意识，它总是倾向于泛神论，这当然与印度教的宗教制度密切相关。斯克里亚宾在某种意义上也是泛神论的行家。总而言之，斯克里亚宾的浪漫主义，正如《天启秘境》的设计所揭示的那样，是他哲学的基石。这为自然问题提供了一个现成的答案：斯克里亚宾在当代文化中应有怎样的地位？

西方文化的敌对者

斯克里亚宾非常明确地表达了自己对西方文化的看法，他对之是彻底敌对的。他相信他的艺术将在西方文化中发挥革命性的，甚至是破坏性的作用。这有一定的道理，但斯克里亚宾犯了将当代文化形式等同于一般文化的常见错误，因此似乎处于反对所有文化的错误立场。但是，如果我们考虑斯克里亚宾的基本信念，必须认识到他只与黑格尔所说的"恶之无穷"作斗争。他反对当代文化的古典元素，同时大力提倡相反的浪漫主义理想。这必然如此，因为"无论愿意与否"，艺术家必须是文化成果的守护者。

斯克里亚宾的艺术在情感和智性上与西欧的生活方式本质上并不相容。为了接纳甚至触及斯克里亚宾的思想，西方文化必须进行彻底的精神改革。甚至斯克里亚宾本人也从未完全意识到，他的精神世界与西欧主流相去甚远。《天启秘境》的哲学设想与欧洲文化格格不入，而该作品起源于俄罗斯，来自俄罗斯人的创造性思维，这并非偶然。

这种相互对立，源于西欧文化的古典主义倾向，表现为对唯物主义的崇拜。西欧文化自然含有浪漫元素，但其色调以古典为主。它的价值体系包括倾向于人的创造是自主存在的，由此形成对人的情感生活常怀敌意的僵化世界。人类创造性劳动的产品与它们的创造者分离，并在人类活动范围之外开始独立发展；此外，这些物品与它们的创造者相互影响，引发了成品结晶对应的既定模式的进一步产出。因此，创作者需要极大的毅力来修改他的产品，以扭转客体化的趋势。创作者遇到的阻力，与其说是来自他的创造素材的惯性或来自创造性过程的心理障碍，不如说是来自制造创造本身。它们的持续分化和系统化使创造者的任务变得复杂，这剥夺了他的选择自由，强加给他不可变通的行动方针、绝对的指令，引导他走上预定的道路。无论我们考察什么文化领域，我们都会发现产品流水线对人的压迫，这些产品在完全无视他的意图的情况下诞生并开始扩散。反过来，它们会有新的自主编队，有时对它们的创造者来说非常惊人又可怕。我们在经济、法律、宗教和艺术中遇到了类似的情况。格奥尔格·齐美尔（Georg Simmel）在他的文章中指出了这一奇怪的发展，但他认为这是自然而然的。

我们看到了"机械主义"的野蛮生长，它构成了人类奴役的最极端、最丑陋的形式。古典主义要求创造者服从物质对象，服从他自己的产品。以人文主义为出发点，西欧文化将人，或者更广泛意义上的生命原理本身，降低到屈从于人造文化支配的劳役级别。归根结底，这样的文化缺乏人性；它的理想是一个精致的、密封的价值观集合，其中没有人的空间，即使是工人也不行，因为这个完善的系统能够独立自主地进化。尽管当代文化中存在一些浪漫的遗产，但正如我们之前所说，它已经被所有盛行的古典文化瘟疫——对神化对象的拜物主义所破坏。

对这种极端"机械主义"的回应不可避免。政治革命接二连三地发生，但它们无力改变文化革新的方向和性质，甚至无法延缓它的衰落。反对文化自动性的最有力声音是尼采和出于宗教原因的托尔斯泰。但是他们，以及许多反对当代文化唯物主义的人，发现自己总体上是反文化的。他们及其门徒参与了反对所有文化机构的辩论，特别是作为传统、客观现实代表的教会和政府。这一攻击主要以人权为名，打着政治和道德自由以及个人主义的旗号。尼采、托尔斯泰和罗斯金都反对阻碍自由创作的绊脚石，他们认为只有摧毁所有文化刻板印象才能重新获得自由。

斯克里亚宾的立场完全不同。他从不拒绝文明，从不要求毁灭它。他敦促人类不要逃避文化，而是要超越文化，战胜文化，利用文化的价值观来超越文化界限。尼采和托尔斯泰宣扬要摧毁欧洲文化的大厦，而斯克里亚宾则希望赋予它动态的力量，恢复文明从前的可塑性和失去的流动性，并在人类意识中恢复对创造力的直觉。因此斯克里亚宾的抗议既不是无政府主义也不是个人主义。他从未像托尔斯泰那样反抗既定的机构、教会或政府。他完全否认这些机构的所有独立意义，认为它们只是附属品，对于真正的浪漫主义者来说，它们是通往更高存在状态的过渡。他的《天启秘境》是超越单打独斗，一种建立在政治和宗教严格等级组织之上的公共表演。这个至高无上的成就随后将在创造之火中燃烧，跃升至想象力的极限。

斯克里亚宾渴望死亡。他热切地等待着创造力本身的终结。因此，他似乎反对自己如此出色代言浪漫文化。但这种矛盾只是表面上的。浪漫主义和古典主义在对未来的看法上截然不同。对于一个沉浸在生活洪流中的浪漫主义者来说，这种未来感本身就是一个目标。对于古典主义者来说，未来则是路标，指明了一个超越目标的方向，而眼下永远是过渡，是通往未来的垫脚石，所有目标都将在其中实现。古典主义者认为，未来是目标的领域，只有它们才具有现实性和价值。因此，未来的最高成就，是通过它与转瞬即逝的现在的关系来衡量的。在主仆一同劳作的古典文化中，未来被认为是文化价值的积累，是系统的发展和强化，其最终目标是独善其身。但是这样绝对的理想显然是无法实现的，因为通往它的道路必然是无限的。这个概念是无限进步理念的核心，是实现理想价值的永无止境的过程。这是一个卓越的经典理念；古典哲学中不存在作为完成的目的之概念。在我们眼下以古典为基础的文明中也不存在。历史是无限的，没有一个时刻预示着结束。在这种观点中，特定的文明可能会消失。他们在履行职责并解决了特定问题后开始下行。但是，完全实现这些理想，即解决普遍问题，在古典推论模式中是不可想象的。只能想象有无限的方法来解决这个问题。根据古典的方案，人类历史的终结将是外部事件的结果——例如自然环境的变化。类似的外部事件也一定会导致宇宙的覆灭。但死亡作为一种满足，作为所有存在者找到其意义和证明的唯一时刻，世界内部终结的唯一时刻，对于古典主义者来说完全是胡说八道。古典思维只能理解相对的满足；因为彻底的圆满只是有限世界的属性，而无限是没有边界的，因此是永恒的。

人们经常指出，无限的概念与古典主义格格不入。这并不完全正确。古典主义不接受超极限的世界，即格奥尔格·康托尔（Georg Cantor）的微积分世界，它假设无限是一个实体。相反，它提供了无限的无限、不完美的无限、潜在的无限，或者用黑格尔的话来说，"恶之无限"。由于缺乏精确性而感到不安，古典思想更愿意完全拒绝无限，而支持有限的实体。因此，它谨慎的自我限制，它的沉默，它对形式完美的追求，以及它为了形式而崇拜形式，由此不完美的实体获得了某种定义和完成。古典思想不妥协地坚持相对主义；它无法想象宇宙过程的完成和绝对的实现，除非是无限接近极限或超越存在状态，因为它已经从生活的潮流中退去，并掩盖了对创造性行为的即刻理解。

黄金时代的神话常诠释无限进取的想法。从历史上看，这两个概念有很多共同之处。但它们从根本上是不相容的。黄金时代的概念在奥古斯都大帝时代开始流行，并通过维吉尔的一部著名诗歌传给我们。它本质上是浪漫的，描绘了历史进程的实现。无限的进取不可能导向黄金时代，无论这种进步持续多久，达到什么高度，因为它无法超越相对价值的限制，完成一系列有限事件。因为黄金时代是对历史序列的背离，转向另一个层面。失乐园的传说象征性地表达了一个内心公理，即只有回归生活的大潮才能再次找到天堂。这就是为什么黄金时代代表的不是自洽、一成不变的神话，而是一种欢乐、嬉戏的行为，一种智慧童年的欢欣状态。

浪漫的意识，陶醉于无限幸福的愿景，以地球上理想化的生命形式构建了想象中的天堂。这种异象交替呈现千禧年和末世论，在基督教历史上尤为明显，尽管基督教受到古典思维方式的支配，但总是流露出浪漫的情绪。因为浪漫主义是宗教活生生的灵魂。千禧年和末世观通常被认为是不相容的，但两者都唤起了人类摆脱相对主义并恢复生活自洽的愿望。它们之间的唯一区别是千禧年强调快乐的元素，并在感官形式的框架内赋予它一定的持续时间，而末世学说则处理与我们时空世界终结的关联，并试图为生命辩护，从而赋予宇宙进程以意义。

作为一个浪漫主义者，斯克里亚宾自然对黄金时代的传说着迷。幸福王国的愿景是斯克里亚宾歌剧的动力，并为《狂喜之诗》提供了悠远的灵感。它在《天启秘境》中被唤起，作为死亡的主要动机的持续对应。但是，这种崇高的存在状态不可避免地会走到尽头。当人意识到他重新获得了自由时，宇宙的狂喜被简化为一个瞬间，并被它所吸收。这是宇宙在它的快速运行中冲向的极限时刻，在死亡中找到它的圆满。因此，幸福的生命和充实的死亡，都表达了人类对绝对的渴望，在斯克里亚宾的《天启秘境》中结合为热爱的死亡、甜蜜的毁灭的形象。

九 《序幕》

斯克里亚宾在 1913 年左右萌生了写作《序幕》作为《天启秘境》预演的想法。从 1914 年冬天开始，他为《序幕》准备了音乐和诗歌的素材，充分利用了最初为《天启秘境》拟定的草稿。1914 年春天，他对《序幕》进行了系统的研究，同年秋天，文本基本完成了。斯克里亚宾把它读给他的朋友听，如诗人维亚切斯拉夫·伊万诺夫、尤里斯·巴尔特鲁沙蒂斯和康斯坦丁·巴尔蒙特，他非常尊重他们的文学判断力。他曾希望在 1915 年春天完成乐谱的初稿，但繁忙的音乐会季节让他几乎没有时间专注于作曲。当他于 1915 年 4 月去世时，在他的手稿中人们只能找到《序幕》的文本和大量不连贯的音乐片段，后者主要是分散的主题动机以及和声行进的轮廓。

在讨论《序幕》时，我们必须基于文本。尽管它实际上已经完成，但斯克里亚宾并未充分编辑。里面有漏洞，个别的诗句，有时是整节，以不同的形式出现。我们必须记住，文本不是要朗诵的，而是要与音乐、舞蹈和形体同时表演。

* * *

正如标题所示，《序幕》是一个引子，是《天启秘境》

的前奏部分。斯克里亚宾在创作的不安的压力下改变了最初的计划，这也许是由于他缺乏自信。他觉得自己必须马上测试一下自己的力量，然后才能开始这项宏伟的《天启秘境》计划。他不能再继续创作奏鸣曲和音诗了。《天启秘境》的形象在他的想象中隐约可见，但与此同时，《序幕》吸收了越来越多最初计划用于主体部分的材料。斯克里亚宾觉得他必须在此时此地完成一些有形的东西，所以《序幕》变成了《天启秘境》的精简版。其中，斯克里亚宾回到了狂喜状态中宇宙覆灭的形象，沿着他的歌剧歌词的路线，但提升到了一个更高的层次。斯克里亚宾完全意识到这种创造性的必要性所固有的矛盾。《序幕》是为了让人类准备好接受他的信息，以展示他召唤他们的目标，在他们面前回忆世界从诞生到沉浸在超绝者的怀抱中的整个历史。这个元素构成了《序幕》和斯克里亚宾的歌剧之间的根本区别，后者是为了描绘个人的狂喜。另一个重要的区别在于哲学方面。《序幕》并不是演员为观众进行的普通戏剧表演。它是由参与者自己演奏出来的。

演员和观众之间不再有分界线，所有人都在一定程度上促成了这一表演。尽管如此，戏剧元素并没有从《天启秘境》中完全消除。尽管将表演区与观众席隔开的脚灯和舞台被取消了，但角色、面具仍需减去。

* * *

当斯克里亚宾创作《序幕》时，他有时将其扩大到超自然的规模。他屡次忍不住要将其转变为成熟的《天启秘境》。

但必须要完成乐谱，他不得不屈服于现实的要求。起初，他还梦想在一座寺庙里表演《序幕》。他画了一座带有圆顶的圆形建筑，它的地面由同心的阶梯组成，向中央的祭坛上升，从建筑的所有角落都可以看到。参与者将被放置在梯形的同心台阶上。但他又妥协了，他也愿意在合适的音乐厅或剧院上演《序幕》。放弃了在印度制作的所有希望，他考虑了伦敦，一个他特别喜欢的城市。但他最关心的是表演者。《序幕》对参与者提出了很高的技术要求，但他希望他们完全摆脱所有的戏剧性和自我意识——即使是最伟大的艺术家也常常无法摆脱。他们必须不仅仅是好演员或好歌手，而且深谙斯克里亚宾的思想，或者至少有共情，在智力和艺术上为他们的任务做好准备。斯克里亚宾甚至考虑为未来的参与者建立一所专门的培训学校，提供艺术、知识和宗教科目的指导。"我的演员，"斯克里亚宾常说，"必须忘记他们的表演习惯，学习全新的东西！"

制作《序幕》是件封闭而深奥的事情。不会有观众，只有行家才能被录取。他们之间要建立严格的等级制度。祭坛附近的高处将安置主要艺术家，指导表演并扮演重要角色。较低的等级将分配给唱诗班、宗教队列的参与者和舞者。这里不会设定片段。在戏剧意义上，单独的场景将被减少到最低限度，主要通过象征性的肢体来表达。在这方面，《序幕》更接近于清唱剧，而不是瓦格纳式的乐剧。没有戏剧性事件的呈现，没有现实的场景来补充表演；叙事将通过手势和舞蹈动作象征性地传达，内容以各种抒情形式传达。抒情段落是斯克里亚宾的《序幕》文本中最重要的；它们在诗意上最出彩，在哲学上最具表现力，在情感上最动人。在这篇文本中，斯克里亚宾最后一次以最深刻的洞察力向我们揭示了他天才的抒情特征和他对预言式愿景的特殊洞见。这种主观抒情达到了极大的深度和力量，从而超越了个人的自我启示，进入了宇宙泛神论的领域。这诗作是首抒情歌，但斯克里亚宾唱的不是他自己，而是宇宙；他的自我在这里获得了宇宙的站位。然而斯克里亚宾只有将普遍概念转化为他自己的概念，才能掌握它。他在这种转变中并不总是成功的，他的作词人身份经常成为描述和解释事件的史诗叙述者。这些史诗般的时刻是《序幕》中最薄弱的部分，因为在这里诗人斯克里亚宾失去了自发的想象力。他变成了理性主义者和理论家，他的自然表现力失去了光彩、力量和独创性。某些情节的抒情狂喜与其他情节的沉思之间的差异是如此惊人，以至于人们认为这首诗是由两个不同的人写的，一个具有预言天赋的非凡诗人和一个遣词造句的说教理论家。

有画家是诗人，有诗人是音乐家。斯克里亚宾属于第二类。他用文字创作音乐。《序幕》文本中的整个段落都建立在巧妙的音韵之上。"这就是我编排的方式。"他常说。韵律的多样性是非凡的，韵律线被精确地表达出来。斯克里亚宾的乐谱的特点，是在不稳定的平衡中复杂的节奏设计，在《序幕》的文本中并不存在。

* * *

黄昏时分，随着颤音和弦的声音，极轻柔地（斯克里亚宾为我们演奏了这个和弦，但从未写下），一个声音以庄严、缓慢的速度宣告：

不死者再次赐予你

一份爱的祝礼；

无限者再次展示

他的形象在有限中的真实。

世界诞生了。空间和时间被创造出来。合唱团唱道：

永恒居于瞬间的激情，

照亮空间的深处；

无限的呼吸赋予生命以优雅，

寂静与钟鸣共存。

死亡乃与永恒之父成婚

我们燃烧的心相聚在一起。

天父在创造的阵痛中死去。听到他的声音：

我的孩子，

爱之骚动的后代！

我预见到了一场袭击；

我不会挫败你的胜利。

我把自己撕成两半

当我从隐秘处生出你，

当我在折磨和痛苦中挣扎时

渴望创造的爱抚。

你现在注定要战胜我，
这是我的法律和你的命运；
我决不允许退缩
对于那些来得太晚的人。

子民回应道：

我们是你生的孩子。
听从父亲的命令，
我们伤心地离开，踏上
朝向遥远土地的路途。

我们将收集神奇的花朵
在我们梦想的田野里绽放。
继承你无穷无尽的力量，
我们漂浮在赋予生命的溪流中。

我们被迅速地驱走，
仍然掌握在你手中，
从永恒中冲出，
从圣父，
有目标地奔向
人类的海洋，
自光明下降至
昏暗的夜晚
烙印在炽热的化身
你神圣崇拜的形象，

你独自站立

在黑暗之石上。

宇宙的演化展开了。矛盾日趋尖锐，只会在越来越紧密的和解中相遇。创意梦想得以实现。精神被肉体所赋予。世界绽放了。听到男性和女性原则之间的对话：

女性声音：

给伴随着晨光而来的你

在爱的浮躁中

去也，我的回应哭泣，

我的热情和我的叹息。

男性声音：

我听到的这个声音是什么

出现在神圣的寂静中，

如此遥远，却又如此清晰，

如此落寞又孤寂？

之后是浪潮之歌，对散乱之物的呼唤：

我们是生命的浪潮！

波浪！

第一个

波浪，

胆怯的

波浪，

第一声

低语，

胆怯的

耳语，

第一次

震颤，

胆小

悸动，

波浪

平和，

波浪

升起，

平和

改变，

耸起

波峰，

平和

飞行，

涌起

喷薄！

唤醒感官的合唱响起：

平和的喜悦

最初的爱抚，

神秘的甜蜜

朦胧的亲吻！

温柔的呻吟

最初的收获，

神秘的钟声，

欲望的呼唤，

温柔的爱抚

最初的触碰，

神秘的故事

爱的光芒……

灵魂从光之射线和一股浪潮的结合中诞生。浪潮说：

你闪闪发光，喜悦的甜蜜

在我朦胧的肉体中迸发。

梦寐以求的晕眩

我朝你站起来。

生于浓重的黑暗，

波浪与波浪融合在一起。

在我梦想的怀抱里

我被我的姐妹们扯开分离。

感性世界绽放了：

它的极光闪耀着什么，

通过一场魔法的游戏，

把我们卷入

监狱般的迷雾？

那是一道光，一道白光

在我们心中迸发出歌声。

它的温柔

充满爱抚；

它分崩离析

在光与钟声中。

伴随着欢快的呻吟

在深渊里回荡。

彩虹在我们身上玩耍，

梦想绽放出

鲜艳的色彩。

愉悦感官的春天诱惑着我们。

闪烁的光亮环绕着我们，

身边充满奇迹；

神秘召唤我们，

声音来自远方。

黑暗之泉被点亮

显出彩虹的颜色。

他们闪烁着奸邪的

蛇的眼睛，

他们闪耀着琥珀色

于黑暗沼泽的深处，

透过彩虹般炫目的

蜘蛛网……

世界是一种爱抚，一种魅力；生命是一种柔情。死亡本身是光明和欢乐的。向着它，向着它的白炽太阳，生命从它诞生的第一刻开始奔涌；它渴望死亡，在奔向死亡的过程中，生命注定了自己的狂喜：

> 结队的异象，成群的梦想，
> 闪闪发光的世界军团。

《序幕》是一首生命的赞歌，是对丰富而光彩的生命的赞歌；它也是一首死亡的赞歌，在其中，生命、牺牲和降服，达到了最高的绽放和圆满。忘却父亲的孩子们，在堕落的奴役下，心中闪烁着对解脱的向往。

> 过往奇迹的庙宇
> 把我们关进他们令人窒息的监狱，
> 只有黎明的苍白之光
> 从天空照亮它们。
> 我们厌倦了离别，
> 我们因锁链而疼痛……

一个声音回应：

> 下行过程中同样的道路
> 把你带到这里囚禁
> 会带你走向自由
> 当你的时间耗尽，
> 当永恒的运动
> 孕育这个世界

会推倒藩篱，

有限者将快乐地融入苍穹。

生出宝石

自芬芳深处。

神圣的时刻到了

拼凑起破碎的梦。

人觉醒了：

欢乐时光已经来临

你在我们心中觉醒；

我们高高在上

朝着燃烧的黎明。

我们看到一个异象：圣殿在漂移，

牺牲的受害者和牧师

在天父、造物主中合而为一。

《序幕》以舞蹈作结：

舞蹈是首要动机，

伸张正义的审判；

它会成就你的命运

以其郑重的威严。

我们的天父降临到我们身边，

以加速的心跳

我们跃动舞蹈。

死亡降临到我们身上，

美妙地融化苍穹

我们跃动舞蹈。

我们都被爱意拥抱，

我们都是单一的流动

奔向永恒，

奔向圣父，

以目标明确的行动

远离人海，

向上向着光芒

自昏暗的晚上。

我们烙印在炽热的化身中

你神圣崇拜的形象，

你孤身一人，

站立在黑暗的石头上。

燃烧起来，神圣的庙堂

来自我们心中的火焰！

在神圣的大火中燃烧起来！

幸福地融化在我们身上！

在热情的舞蹈中与死亡相融！

　　在他迷狂的欣喜中，斯克里亚宾只设想了存在的一面。但是，在他的视野中，物与灵的邪恶范畴应该如何放置呢？这种邪恶是宇宙进化的必要阶段，是开始最终上升之前必须完成的重要步骤。孩子们必须反对天父、忘记他。当重逢的奇迹实现时，精神和身体的痛苦折磨将终结，人类将在圣殿中绽放。但是，为什么"永恒者"会让他心爱的孩子遭受巨大的堕落？斯克里亚宾如此述说：

为什么，哦，为什么，万福的苍天
切断了通往大门的线索？
是要引诱那些被炽热的激情所占据的人
去清空欲望的冒泡药水，
承受终极厄运的恐怖
并从瓶子底部取出一颗闪闪发光的水晶，
从这五彩水晶
建造一座不朽的美丽新殿堂。

斯克里亚宾对必要邪恶的认知价值和神秘本质的意识是如此强烈而深刻，以至于当他在《序幕》中揭示了教师和救世主的形象时，他让自己在罪恶的深渊穿行而过。救世主成了一个大罪人，他经历了外部黑暗的恐惧，经历了难以想象的悲伤，承受了世界的瘟疫，但重生并入圣。他遇见了死神：

"你是那个热衷于刺痛的人吗？
刺穿了生命监牢的囚徒？"
"对你来说，我的爱抚就像一把短刀；
你对我的恐惧扭曲了我的面容。"
"你为什么拜访我
以长着尸首之口的盲怪形象？"
"我的孩子，死亡的威严躲过了你；
你带着恐惧的眼看到了邪恶。
我是你灵魂殿堂里甜美的谐和，
你渴望幸福的插翅梦想——
我是悦耳的合一，歌声般的爱抚

在幸福的和谐声音之中。"

"永恒者"回归大众，带来欢乐死亡的祝福信息。但他的造物起来攻击并摧毁他。

转世了，他看见
他教育的萌芽。

这一段斯克里亚宾对英雄、救世主和教师的形象进行了勾勒，给人留下了模糊的印象，仿佛斯克里亚宾本人并没有完全理解自己的愿景。这也是全诗最薄弱的部分。在这里，斯克里亚宾变成了叙述者、指导者、布道者，用诗歌来阐述他的想法。那个成圣的大罪人，从自己的苦难中得知世间的折磨，屈从于人的折磨却宽恕了他们，是谁呢？他是基督吗？他绝不是救世主基督。他是充满爱的睿智导师，是天父的爱子，是人类中第一个觉醒的人。他与斯克里亚宾歌剧歌词中的超人英雄相去甚远。英雄或许是真理的载体，但教师是真理的创造者。英雄知道他的人生目标是狂喜；教师重新创造了这个目标。英雄呼唤苦难和臣服，以分享未知的喜悦之光；教师承诺绝对的自由。歌剧的主人公用这样的话来称呼他的对手：

宗教的甜蜜欺骗
不再让我着迷；
我的心不再模糊
因其柔软而温和的雾气。

斯克里亚宾在《序幕》的文本中使用了相同的词，但是——非常重要的是——他将它们插入教师的敌人的演讲中。然而，这两个形象——一个超人的形象和一个充满爱的睿智教师的形象——在本质上是有联系的。两者都期待狂喜；两者都憧憬着幸福和解脱之死。

　　斯克里亚宾的道德准则起初主要是自然主义的。在他看来，身体和德行的邪恶降低了生命的紧张，削弱了生命的节奏，延缓了它的蓬勃发展。在《序幕》中，我们发现了新的宗教的、神秘的伦理概念。在这里，邪恶的象征是精神沉浸在物质中，远离上帝。但也有通过上帝得到救赎的异象：

> 大胆点，从这些杯子里喝水，哦，凡人！
> 进入你的父的门户！
> 然后让你灵魂的彩虹水晶
> 映出遥远目标的秘密！

译后记

　　我想记录一下自己对本书的主角、斯克里亚宾的印象。我和很多身边的朋友一样，最初是通过他的钢琴曲感知他的内心世界，比如钢琴家霍洛维茨最爱演奏的那些音诗、练习曲等。他最初的《f 小调圆舞曲》非常近似肖邦的作品，也很容易让人产生"俄罗斯的肖邦"的印象，然而随着更多的聆听，你会发现他的主要作品有着和肖邦完全不同的情思和胸怀。

　　和浪漫主义晚期的不少作曲家有着类似的轨迹，斯克里亚宾"心比天高"，拥有超凡的雄心抱负，生前却并未实现自己的理想，也没有在创作上获得充分的认可。尽管他的钢琴演奏家身份帮助他建立了崇高声望和在欧洲的广泛活动空间，作为作曲家的他依然带有一丝悲剧色彩，如沃尔夫、汉斯·罗特等作曲家一样是不同程度的不遇之才。似乎只有马勒的作品在其身后实现了全面的成功，这几位的作品都鲜有马勒《第八交响曲》的演出场面，或者大开民众耳界的音响效果，在我们国内也很少演出斯克里亚宾的作品。

　　即便没有实现终极理想，斯克里亚宾也留下了《火之诗》《狂喜之诗》这样的"巨著"，尽管没有"马勒第八"那样极尽夸张的阵势。斯克里亚宾更多地沉醉在自己的世界里，抽象性思维，而非物理上的演出规制，占据了他的创作理念的几乎全部。

听觉与视觉想象的通感是斯克里亚宾的一大超越，这显然也出于他的本能，而带有色彩效果的演出却在他那个时代屡屡遭遇实现的困难，《火之诗》的首演就因为器械故障黯淡收场，在这一点上他生不逢时。斯克里亚宾的一生都在朝着自己的理想迈进，也可以说他缺乏客观的视角，而让一切自以为是的纯粹理念肆意前行，即便碰壁也不自知，正如本书的作者施洛策强调的，他最重要的作品，也是他艺术理念的最高最核心代表，并非任何钢琴或者交响作品，而是那部包罗万象却未竟的《天启秘境》。这个看似永远不会实现的梦，就是斯克里亚宾的艺术宿命。

本书从理念上毫无保留地追寻斯克里亚宾不为一般听众或演奏者所注意的终极理想境地，向我们展示了他的痴狂，他的缺乏理性，也揭示了这位艺术家的真实状态，即永远做梦，永远是个未长大、不向俗世成规低头的神奇孩子。

或许无法通过本书获得理解斯克里亚宾具体作品的方法，或者甚至无法获得音乐理论上的专业支撑，你甚至感觉作者也在故作痴语，但这恰恰成就了另一个我们不常触及的视角，即艺术家何以成为他自己？拨开那些网上所罗列的浮于表面的生平和创作背景，不妨去感受斯克里亚宾音乐本身，结合这些发自内心、立足作曲家本位的文字，可能你会有机会真正走进一颗艺术家的心灵。

本书根据尼古拉·斯洛尼姆斯基（Nicolas Slonimsky）的英译本（University of California Press，1987）译出。这本书打开了另一扇窗，也让我们真正明白了这位极富个性的艺术家，究竟在想什么。即便你未必认同他，你依然可以比客观研究和理论分析的精确结论更懂斯克里亚宾。毕竟音乐本来就不是纯粹精确的东西，那些模棱两可和自说自话，不恰恰是其珍贵之处吗？

顾超

2022年9月于上海

我思，我读，我在
Cogito, Lego, Sum